城镇住房保障对象诚信评价机制研究

颜芳芳 著

中国书籍出版社
China Book Press

图书在版编目（CIP）数据

城镇住房保障对象诚信评价机制研究 / 颜芳芳著
. -- 北京 : 中国书籍出版社 , 2023.5

ISBN 978-7-5068-9397-8

Ⅰ . ①城… Ⅱ . ①颜… Ⅲ . ①城镇—保障性住房—保障体系—研究—中国 Ⅳ . ① F299.233.1

中国国家版本馆 CIP 数据核字 (2023) 第 072644 号

城镇住房保障对象诚信评价机制研究

颜芳芳　著

责任编辑　李　新
装帧设计　李文文
责任印制　孙马飞　马　芝
出版发行　中国书籍出版社
地　　址　北京市丰台区三路居路 97 号（邮编：100073）
电　　话　（010）52257143（总编室）（010）52257140（发行部）
电子邮箱　eo@chinabp. com. cn
经　　销　全国新华书店
印　　刷　天津和萱印刷有限公司
开　　本　710 毫米 ×1000 毫米　1/ 16
字　　数　200 千字
印　　张　11.5
版　　次　2023 年 7 月第 1 版
印　　次　2023 年 7 月第 1 次印刷
书　　号　ISBN 978-7-5068-9397-8
定　　价　72.00 元

前言

住房问题是关系民生的重要问题，当前，我国住房保障体系日趋完善，住房保障能力日益增强。截至 2022 年 7 月，公共租赁住房、廉租住房、限价商品住房等各种类型的保障性住房建设数量已超过 9000 万套，改善了两亿多中低收入群众的住房条件。

我国保障性住房在申请、使用、轮候及退出等环节中存在骗租、骗购、改变保障性住房用途、违规出租出售等多种问题。随着我国住房保障工作的快速推进，住房保障工作重点逐步由增加供给，转变为加强分配和管理，住房保障对象的诚信问题是公平分配和有效管理的关键要素，也是住房保障政策能否获得真正成功的重要因素。美国、德国、新加坡、中国香港等地住房保障对象失信行为较少，与这些国家和地区成熟的个人信用体系，发达的信用市场，完善的住房保障制度等因素有关。但是从我国社会信用体系建设进展的情况看，短期内难以为解决住房保障领域的诚信问题提供有效支撑。在此背景下，有必要建立住房保障对象诚信评价机制，并将之运用到住房保障申请审核、分配管理、运营管理、退出管理等环节。

本书以住房保障领域存在的问题为切入点，以保障性住房相关政策法规为依据，借鉴美国、德国、新加坡、中国香港等国家和地区社会信用体系建设的经验，结合我国个人信用体系建设的现状，以及地方政府在住房保障对象诚信评价方面的实践探索，从诚信信息征集与管理、诚信评价、诚信监管、评价结果运用、保障及支撑体系建设五方面，构建住房保障对象诚信评价机制。并对保障对象诚信信息征集的主管部门、途径、数据库管理、评估方法、监管主体、评估结果运用的领域、必要的保障及支撑体系进行了明确。

诚信信息的征集和管理模块是评价机制的基础。住房保障对象的诚信信息涉及多领域、多部门，建议以政府为主导，由住房管理相关部门负责住房保障对象诚信信息的征集和数据库的建设和管理。

诚信评价模块是评价机制的核心，而诚信评价的关键是诚信评价指标体系的构建，选择科学的评价方法，制定科学有效的评价标准。通过实地调研、专家咨询、试评价等方法，最终确定 17 个指标，构建了住房保障对象诚信评价指标体系。考虑到可行性和便利性，选择了基础记分法和不良信用扣分法作为评价方法，并设计了 A—D 四个等级的诚信标准。

诚信监管模块是评价机制的关键。行业监管方式受本国整体法律环境的影响。诚信监管中以政府为主导，由政府有关部门会同征信机构、行业协会组成诚信评价监管委员会，负责对保障对象诚信信息征集及评估业务的机构进行监管。

诚信评价结果的运用模块是诚信评价机制的价值所在。从近期看，主要在住房保障领域运用，从远期看，评估结果还可以作为个人信用信息的征信来源，并给其他行业的诚信评价提供信用参考，以进一步完善我国个人信用评价体系。

诚信保障及支撑体系模块是评价机制实施的保障。健全相关政策法规，使诚信评价结果运用时有法可依。完善相关制度，最大限度发挥诚信评价的作用。完善诚信评价的硬环境和软环境等。

本书由河北省省属高校基本科研业务费专项项目（项目名称：我国城镇住房保障对象诚信评价机制研究；项目编号：2020JK019）资金资助。

在撰写本书的过程中，作者得到了许多专家学者的帮助和指导，参考了大量的学术文献，在此表示真诚的感谢。由于作者水平有限，书中难免会有疏漏之处，希望广大同行及时指正。

作者

2022 年 4 月

目录

第一章　绪论

第一节　研究背景与意义

一、研究背景

经过多年发展，我国形成了相对完善的住房保障体系，建立了租售并举的住房保障制度，保障性住房涵盖廉租房、公租房、保障性租赁住房、经济适用房、共有产权住房等多种类型，使两亿多困难群众改善了住房条件，城镇家庭的居住状况得到了长足的改善。目前，我国城镇家庭住房自给率已经超过 80%，处于国际较高水平，城镇居民住房供给短缺问题已基本得到解决，如图 1-1-1 所示。

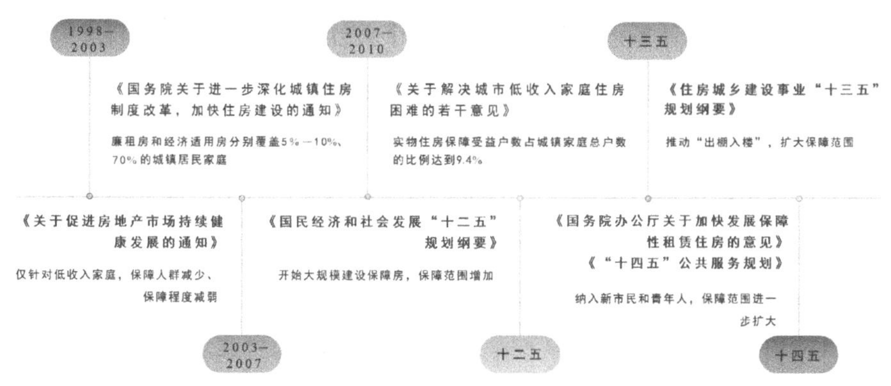

图 1-1-1　我国保障性住房发展阶段及建设成果

随着城镇化的加速推进，流动人口规模逐渐扩大，新市民、新青年等特定群体的住房问题日益凸显。2021 年末，我国城镇常住人口数量为 9.14 亿，流动人口数量达到 3.85 亿，常住人口城镇化率达到 64.72%，十年间城镇化率提高了 11.62 个百分点，流动人口增加了 1.49 亿。解决这些群体的住房问题，一方面从供给端发力，增加保障性住房的供给数量。另一方面，需要盘活存量保障性住房，对不再符合保障条件的对象及时退出保障性住房。

住房保障准入和退出的条件一般由地方确定，地方通过制定《保障性住房管理条例》明确保障性住房申请、使用和退出条件，保障对象发生失信行为的罚则也在条例中进行了规定。受各部门信息未能互联互通、有效监督不足等因素影响，在保障性住房申请、使用、退出等各环节仍存在一些失信现象。如在申请和退出环节，住房保障对象资料的审核涉及公安、民政、国土房产、税务等部门，在部门间未实现信息共享的背景下，部分保障对象可能会出现谎报、瞒报等失信行为。在使用环节，也存在违规出租、出售等问题。在社会信用体系建设逐渐完善的背景下，个人信用日益重要，从信用角度对住房保障对象进行研究，通过建立住房保障对象诚信评价机制，以缓解保障性住房各环节的失信问题。

二、研究意义

美国、德国、新加坡、中国香港等地没有专门的住房保障对象诚信评价制度，而是通过社会信用体系应用于住房保障领域来达到效果。我国社会信用体系建设历程较短，社会信用体系还不是十分完善，个人社会信用体系没有与住房保障领域完全关联，因此有必要在保障性住房领域开展诚信评价，将诚信评价结果与其在其他领域的活动相关联。鼓励住房保障对象的诚信行为，限制其不诚信行为，减少保障性住房在申请、使用和退出环节的各种不诚信行为，促进保障性住房的公平分配和有效流转。

通过建立住房保障对象诚信评价体系，逐步形成一个良性循环：诚信评价—等级低—受到严厉惩罚—诚信度上升；诚信评价—等级高—受到奖励和各种优惠措施—诚信度上升，最后全社会住房保障对象诚信度上升。

（一）减少准入环节的“搭便车”现象，促进保障性住房市场的健康发展

按照政策规定，保障性住房的保障对象主要是中低收入家庭，只有这些家庭才有租赁或购买保证性住房的资格，但现实中出现了部分高收入家庭租赁或购买保障性住房的现象。出现问题的原因是资格审核部门难以全面掌握申请人的信息，保障性住房供给方和申请方存在严重信息不对称。

按照保障性住房的申请程序，申请者需要申报住房、收入、财产、就业等情况，住房保障主管部门需要对这些情况进行核实。按照我国目前在收入分配制度、家庭理财、就业用工等方面制度，申请人的家庭收入水平或财产状况，很难凭单位的证明来核定。因部门间的信息不共享，申请人的家庭收入和资产情况也难以核实。因此，在保障性住房申请人家庭收入核定上出现弄虚作假现象，如瞒报、少报甚至不报等。结果使得这一具有改善中低收入群体住房水平的福利住房，存在“搭便车”现象。①

住房保障对象诚信评价机制的建立，一定程度上能够解决这种信息不对称的负面影响，住房保障对象一旦出现提供虚假材料等骗租、骗购的行为，将产生不良信用记录，并且会对其在保障性住房领域或其他领域的行为产生联动影响，提高其违规或违法成本。

（二）破解“退出难”问题，促进保障性住房公平流转

“退出难”是制约保障性住房公平流转的关键问题。由于我国长期推行国家福利制度，城镇住房制度改革后形成的住房保障体系，被很多人认为是国家给予的“终生福利”。住房保障对象认为保障性住房一旦申请成功就可以终生使用，“福利固化”意识十分普遍。此外，当前处于社会转型期，思想意识更加多元化，尤其是个人信用意识的弱化或缺失，也为保障性住房的退出带来了负面影响，比较常见的是承租户的收入、住房等条件改善后，不如实申报个人或家庭收入及资产变化情况，有的甚至通过虚构、伪造资料继续占有保障性住房。如果严格按照法律程序，政府强制腾退，可能引起群众误解，引发冲突甚至形成公共事件。

设立住房保障对象诚信评价机制，通过奖惩并举的手段促使不符合条件的承租户主动退出保障性住房，促进保障性住房的良性循环和公平流转。主动退出的租户会增加其诚信得分，对其再次申请高层级的保障性住房，或购买自有住房时提供相关优惠条件或支持措施，鼓励和支持其向社会上层流动。而对于瞒报、虚报家庭收入或资产的住户，一旦查出将拉低其诚信得分，并将其不诚信行为记入个人信用档案，影响其个人资信，从根本上改变人们的行为预期。②

---

① 颜芳芳，王箐 . 城镇住房保障对象失信问题及对策 [J]. 人民论坛，2016（17）：175-177.

② 颜芳芳，王箐 . 城镇住房保障对象失信问题及对策 [J]. 人民论坛，2016（17）：175-177.

（三）缓解违规使用、欠缴租金等问题，降低保障房小区的管理难度

在保障性住房使用环节，有些住户对保障性住房私自进行转借、出租、闲置、改变用途，同时还存在欠缴租金、物业费等现象。此外，也有些住户不遵守小区的物业管理规定，破坏保障房小区整体环境，导致入住后小区“脏、乱、差”的现象比较普遍。这些现象的存在，导致保障性住房小区居民不满情绪加剧，物业管理部门对小区的管理难度增大，长此以往，将陷入“住房保障对象失信—保障性住房小区居民不满情绪增大—物业管理难”的恶性循环。

住房保障对象诚信评价机制中，针对闲置、违规使用保障性住房、欠缴租金和物业费、破坏小区环境等问题，根据申请人的实际情况，再对其诚信评价扣掉相应分值，影响其整体评分结果。如果整体得分低于或高于一定分值，会有相应的惩罚和奖励措施。通过这一机制，能使住房保障对象提高自我约束能力，入住小区后能自觉遵守小区的各种规定，降低对保障房小区的管理难度。

（四）减少政府在保障性住房各环节的投入，降低成本

在社会信用体系不完善的背景下，针对保障性住房在申请环节存在的虚报、瞒报收入，使用环节存在的违规转租、改变保障性住房用途，退出环节不及时申报家庭或个人收入和资产变化情况等问题，目前政府部门只能通过增加人力、物力和财力，来加强核查或监管力度等，发现和解决问题，这无形中增加了政府的投入成本和财政负担。

建立住房保障对象诚信评价机制，将会减少住房保障对象的不诚信行为，有效缓解保障性住房在准入、使用和退出等环节存在的问题，降低政府在保障性住房分配和管理中的额外投入，减轻政府的财政负担。

（五）与个人信用体系对接，有助于完善社会信用体系

住房保障对象诚信评价机制，通过设计科学合理的指标体系来对住房保障对象进行诚信评价，并根据诚信评价等级制定相应的惩罚和激励措施。将诚信评价结果与个人信用体系对接，将保障性住房领域的信用评价纳入全国个人信用评价体系中，一旦住房保障对象产生失信行为，将引起联动效应，使其在其他领域的活动受限，这不仅可以破解住房保障领域的问题，还可以拓宽个人信用体系的征信范围，完善我国个人信用体系。2022 年发改委、人民银行联合印发的《全国公共信用信息基础目录（2021 年版）》中，社会保障领域也被列入信用信息归集的重点领域。

第二节　保障性住房相关概念与特点

一、概念

（一）保障性住房

保障性住房是国家实施的一种政策扶持，扶持对象是城镇中低收入群体，是社会保障职能在住房领域实施的体现。保障性住房一般是政府投资建设或者通过其他途径筹集的，政府提供优惠，以限定的标准和价格，向符合条件的住房困难家庭和单身居民出租或者出售的具有保障性质的住房。[①] 保障性住房主要有两种模式：租赁型和销售型，租赁型住房以租赁为主，申请这类住房的保障对象只能获得租住权，不能获得所有权。销售型住房主要以销售为主，申请这类住房的保障对象，达到政策要求的条件后，可以获得住房部分或全部所有权。各类住房的特点如表 1–2–1 所示：

表 1–2–1　各类保障性住房的特点

<table>
<tr><th colspan="2">类型</th><th>特　点</th></tr>
<tr><td rowspan="3">租赁型</td><td>廉租住房</td><td>1. 土地划拨供应；2. 只租不售；3. 单套面积控制在 50 平方米以内；4. 统一建设或配套建设</td></tr>
<tr><td>公共租赁住房</td><td>1. 土地划拨供应，或采用出让、租赁或作价入股等方式有偿使用；2. 只租不售；3. 单套控制在 60 平方米以内；4. 通过新建、改建、收购、长期租赁等形式筹集房源</td></tr>
<tr><td>保障性租赁住房</td><td>1. 以小于 70 平方米的小户型为主；2. 多主体投资、多渠道供给，“谁投资、谁所有”；3. 土地来源包括集体经营性建设用地、企事业单位自有闲置土地、产业园区配套用地等；4. 人口净流入的大城市</td></tr>
</table>

① 深圳市保障性住房条例。

续表

类型		特 点
销售型	经济适用住房	1. 土地划拨供应；2. 出售；3. 面积控制在中小套型；4. 统一建设或配套建设
	共有产权住房	1. 政府让渡部分土地出让收益，低价配售；2. 产权由政府和购房家庭共同拥有
	限价商品房	1. 土地实行附加条件公开出让；2. 定向销售；3. 面积一般在 90 平方米以下

1. 廉租住房

廉租住房的保障对象是城镇最低收入家庭，廉租住房是指向这类家庭提供的租金相对较低的住房，是政府社会保障职能在住房领域的体现。1998 年城镇住房制度改革开始后，国家提出建设廉租住房，保障最低收入家庭的住房问题。此后，国家陆续颁布关于廉租住房的相关办法，进一步规范廉租住房申请、审核及退出管理。国家颁布的廉租住房代表性的政策文件及作用，如图 1–2–1 所示。

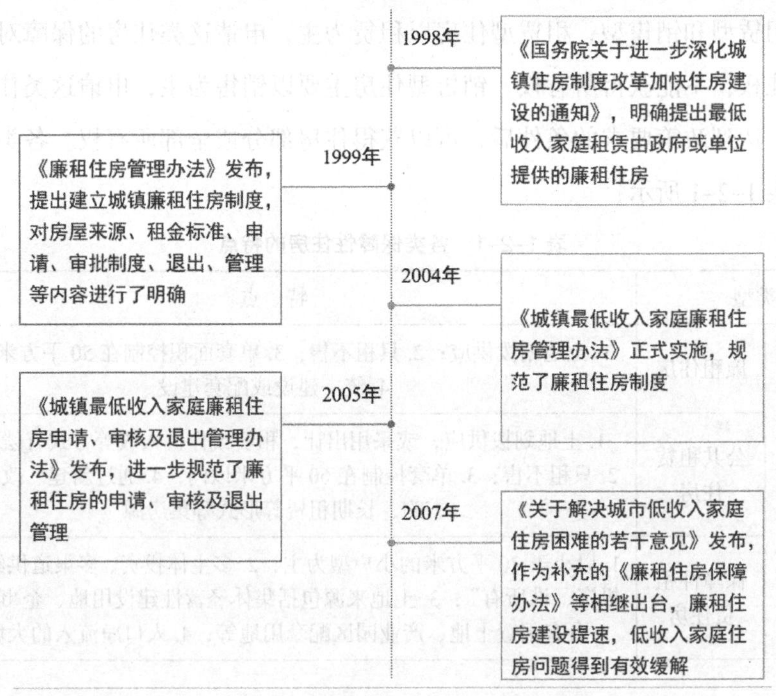

图 1–2–1　廉租住房代表性文件及作用

2. 公共租赁住房

公共租赁住房，是指限定建设标准和租金水平，面向符合规定条件的城镇中等偏下收入住房困难家庭、新就业无房职工和在城镇稳定就业的外来务工人员出租的保障性住房[①]，也是政府社会保障职能在住房领域的体现。

随着廉租住房、经济适用住房和棚户区改造的推进，城市低收入群体的住房困难问题得到缓解，但是仍有部分中等偏下收入群体的住房困难问题没有解决[②]，从政策规定看，这类群体的住房、收入等条件高于廉租住房标准，没有廉租住房的申请资格，但同时又无力购买经济适用住房或商品房，所以无法通过租赁或购买形式解决住房问题。此外，随着城镇化进程的推进，外来务工人员的住房问题也日益凸显。从 2010 年开始，各地大力推进公租房建设，以解决中等偏下收入群体的住房困难问题，如图 1–2–2 所示。

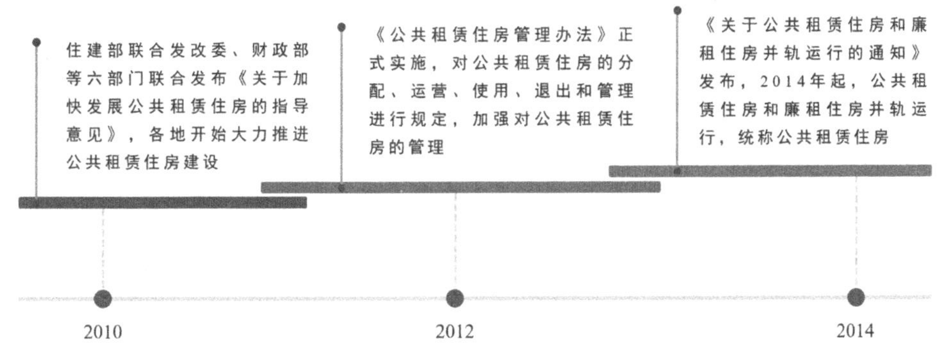

图 1–2–2　公共租赁住房发展历程

3. 保障性租赁住房

保障性租赁住房是以政府组织引导，以市场机制为主导，通过多主体参与，多种方式建设筹集，主要对城镇住房困难家庭或符合条件的个人出租的住房。此类住房以小户型为主，建筑面积一般不超过 70 平方米，租金低于同地段、同品质市场租赁住房租金。

随着我国保障性住房体系的日益完善，有效改善了城镇中低收入家庭的住房

① 公共租赁住房管理办法，2012 年 5 月 28 日中华人民共和国住房和城乡建设部令第 11 号。

② 胡川宁．住房保障法律制度研究 [D]. 重庆：西南政法大学，2014.

问题。随着城镇化进程推进，城乡人口流动日益频繁，城镇房价不断攀升，城市中尤其是大城市中新市民、青年人等群体的住房困难问题仍然突出。为了解决这部分群体的住房问题，2021年6月，国务院办公厅发文加快发展保障性租赁住房。此后，各地陆续发布关于发展保障性住房的实施意见，保障性租赁住房建设提速。

4. 经济适用住房

经济适用住房是指政府提供政策优惠，限定套型面积和销售价格，按照合理标准建设，面向城市低收入住房困难家庭供应，具有保障性质的政策性住房。[①]

国家开启住房制度改革后，开始大力发展经济适用住房，1998年，《关于大力发展经济适用住房的若干意见》颁布，对经济适用住房的建设、价格、物业管理等内容进行了规定。但在实际运行中，因保障对象不明确、标准宽泛，在建设、分配、管理中导致腐败和权力寻租等问题，如建筑面积超标，保障对象识别不准、违规转租等，结果与经济适用住房建设预期产生偏差，还造成负面的社会影响。针对这些问题，有关部门陆续出台了《经济适用住房管理办法》和《关于加强经济适用住房管理有关问题的通知》等文件。从2003年开始，国家调整了经济适用住房的政策定位，保障对象范围缩小，由中低收入家庭收缩为中等偏下收入家庭，建设规模也相应减少。2007年，经济适用住房建设规模在保障性住房中的占比为26.1%，2010年进一步下降到15%。尽管经济适用住房不再是保障性住房的主要类型，但它对缓解困难家庭的住房问题起到了重要作用，因此它在发展中出现的问题仍是本书研究的范畴。

5. 共有产权住房

共有产权住房是由政府提供政策支持，通过市场开发建设，销售价格低于同地段、同品质商品住房价格水平，并限定使用和处分权利，实行政府与购房人按份共有产权的政策性商品住房。[②]购房者虽然只能获得房屋的部分产权，但购房价格低于市场价格，购房者以相对较少的资金就能解决住房问题，降低了购房负

① 经济适用住房管理办法 [J]. 住宅产业，2007（12）：39–41.

② 北京市住房和城乡建设委员会 北京市发展和改革委员会 北京市财政局 北京市规划和国土资源管理委员会关于印发《北京市共有产权住房管理暂行办法》的通知 [J]. 北京市人民政府公报，2017（36）：13–27.

担，缓解了住房困难问题。

2007 年，江苏淮安在全国率先开启对共有产权住房的探索，2012 年，上海也出台了实施细则。2014 年，《关于试点城市发展共有产权性质政策性商品住房的指导意见》正式发布，从国家层面探索共有产权住房。此后，深圳、杭州等地陆续发布共有产权住房政策，建立共有产权住房保障制度，如图 1-2-3 所示。

2007：地方城市率先探索
- 江苏淮安发布《民生帮扶“九大工程”实施意见（淮安市安居工程实施意见）》，率先提出实施共有产权政策。
- 在共有产权住房建设供应、产权划分、运行管理、上市收益分配等方面逐渐形成了淮安特色

2014：国家确定试点城市
- 3月，住房和城乡建设部确定北京、上海、深圳、成都、黄石和淮安等为共有产权住房试点城市。
- 12月，发布《关于试点城市发展共有产权性质政策性商品住房的指导意见》，对供应对象、配售价格、产权、使用管理等内容进行了规定

2017：国家层面支持地方创新
- 住房和城乡建设部印发《关于支持北京市、上海市开展共有产权住房试点的意见》，明确发展共有产权住房是推进住房保障和供应体系建设的重要内容。
- 鼓励北京市和上海市以制度创新为核心，制定本地具体管理办法

2018：地方积极探索
- 全国多个城市探索并建立了共有产权住房制度，并进行了大量共有产权住房供应。
- 除6个试点城市外，深圳、杭州、珠海、茂名等10多个城市发布共有产权住房政策。如 2021年12月，《杭州市共有产权保障住房管理办法》发布。

图 1-2-3　共有产权住房发展历程

6. 限价商品房

限价商品房是指通过多种形式筹集、限定套型和销售价格、定向销售的政策性住房，主要用于解决城镇低收入家庭的住房困难。限价商品房最早出现在 2006 年发布的《关于调整住房供应结构稳定住房价格的意见》中，意见中提到的“限套型”“限房价”的普通商品住房，被称作“限价商品房”。[①] 限价商品房对缓解中等收入住房困难的城镇居民家庭具有不可忽视的作用。

① 关于调整住房供应结构稳定住房价格的意见 [N]. 新华每日电讯，2006-05-30（002）.

（二）住房保障对象

因城镇和农村的住房保障体系差异，从严格意义上说，住房保障对象包括农村和城镇两类对象。农村住房保障对象是指居住在农村，或户籍在农村，且符合当地住房保障条件的居民。城镇住房保障对象是指居住在城镇，或户籍在城镇，按照城镇各类保障性住房管理办法，符合申请条件的家庭或个人。书中的住房保障对象仅包括城镇住房保障对象。

保障性住房管理办法由地方制定，因各地经济发展水平、居民收入水平等条件的差异，保障性住房的申请条件在全国范围并不相同。以北京为例梳理各类住房保障对象的申请条件，具体如图 1-2-4 所示：

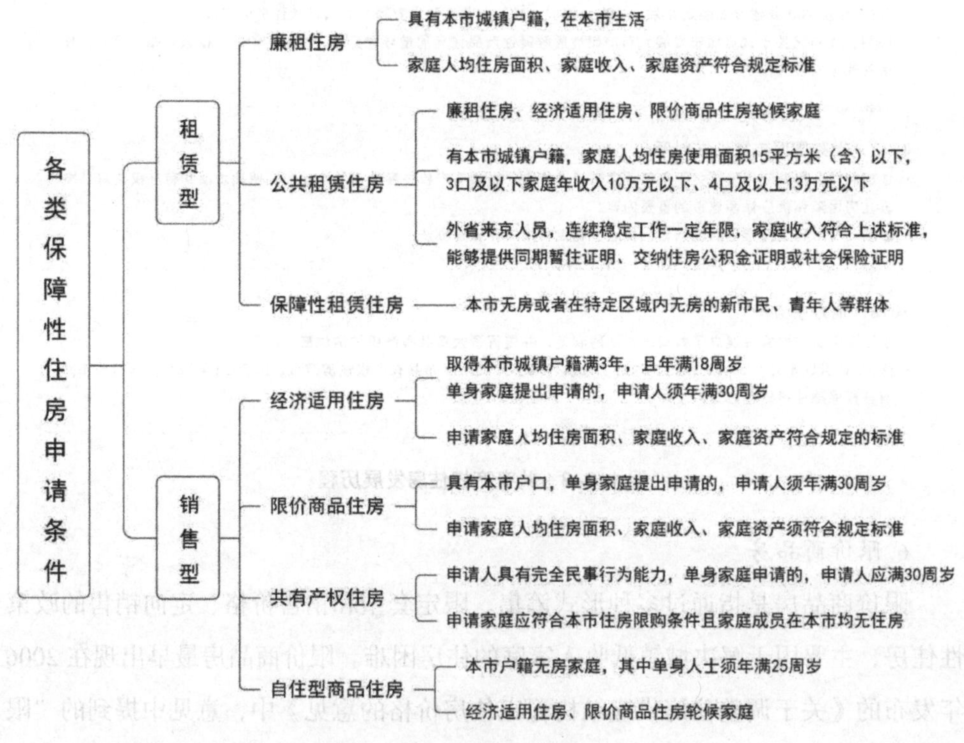

图 1-2-4　北京市各类保障性住房申请条件

（三）诚信评价

我们如何判断一个人的诚信水平？这就涉及诚信评价。诚信评价包括评价对象（评价谁）、评价主体（由谁来评价）、评价指标（如何评价）、评价标准（结果如何判断）四个要素，诚信评价是由评价主体依据诚信评价指标体系对特定对象进行的评估，并依据评价标准对诚信水平进行判断。本书中的诚信评价主体是政府部门，评价对象是住房保障对象，评价依据是根据诚信评价指标体系，指标体系是根据住房保障对象在住房领域出现的不诚信行为构建的，评价标准是住房保障对象是否履约。

二、保障性住房的特点

与普通商品住房相比，保障性住房在房屋属性、受众、分配方式等方面有其独有的特点。

（一）是“必需品”而非“商品”

住房作为人们基本的生存需求之一，不仅是人们的生活资料，也是人们生存、发展的前提，住房问题不只是经济问题，更是民生问题。因此，保障性就成为保障性住房的基本特征和主要目标，这也是与商品性住房的根本区别。保障性住房不以获取经济利润为目标，而是以保障特定群体的居住权为目标，这也为实现社会稳定和构建和谐社会打下了基础。

（二）相关法律权利的不完整性

保障性住房因其保障性的特点，导致其获取手段也不是以等价交换方式取得。我国的保障方式经历了福利分房、只售不租、只租不售、租售并举等阶段。[①] 从法律层面上讲，房屋的物权包括所有权、用益物权、担保物权，这些物权涉及占有、使用、收益以及处分房屋的权利。但保障性住房的用地一般为政府划拨，建设中政府也给予税费减免等优惠政策，因此保障性住房的适用对象并不能完全享有其全部物权，且享受到的权利也不是完全权利。以限价商品住房的处分权为例，购房者取得房屋权属证书后，在规定年限内不能转让房屋。如果要转让，不仅要

① 赵万民，王智．我国保障性住房政策的演进趋势、动因协调机制 [J]. 规划师，2020，36（11）：86-94.

满足规定年限，还要按要求交纳一定额度的土地收益。因此，在实际操作中，保障性住房的所有人并不能像普通住房那样，拥有所有物的全部法律权利[①]，如图 1–2–5 所示。

限价商品住房	共有产权住房
• 购房人取得房屋权属证书后5年内不得转让住房。 • 购房人在取得房屋权属证书5年后转让所购住房的，应按届时同地段普通商品住房和限价商品住房差价的一定比例交纳土地收益等价款	• 共有产权住房购房人取得不动产权证未满5年的，不允许转让房屋产权份额。 • 共有产权住房购房人取得不动产权证满5年的，可按市场价格转让所购房屋的产权份额

图 1–2–5　北京市限价商品房和共有产权住房转让规定

（三）目标群体的特定性

与普通商品不同，保障性住房的供应对象要符合一定的条件。其保障对象以城镇中低收入群体为主，保障性住房申请人一般应具有当地城市户口。随着城镇化水平的快速提高，流动人口规模逐渐增大，大城市是流动人口的主要流向地，大城市中新市民、青年人等群体的住房问题，也成为亟待解决的重要民生问题。2021年，国家层面发文加快发展保障性租赁住房，以缓解这类群体的住房困难问题。

（四）建设过程中政府引导性及公权力干预

在保障性住房建设中，政府的干预必不可少，例如建设用地的取得、保障性住房建设中政府的监督及审查、承担公司营业收入相关税费的减免等，都体现了政府公权力对保障性住房建设过程的干预。如厦门市在公共租赁住房管理办法中提到，公共租赁住房运营管理坚持政府主导，建设用地纳入土地利用年度计划，

① 根据北京市政府网站文件整理，http：//www.beijing.gov.cn/zhengce/zhengcefagui/201905/t20190522_60585.html.

所需新增建设用地计划指标由市国土房产部门予以保障。北京市也发文，对保障性租赁住房也给予政策支持。

第三节 研究综述

以保障性住房为关键词在中国知网数据库进行检索，共有 2018 篇文章。通过分析发现，2008 年发文数量开始提速，2011 年达到发文高峰，全年共发表了 517 篇文章，约占文章总数的 1/4。从 2008 年到 2011 年，3 年间发文数量提高了 46 倍。以住房保障对象为关键词进行检索，共有 31 篇文章，发文高峰出现在 2009 年，共发表了 10 篇文章。如果再以诚信为关键词在结果中进行检索，则只有 2 篇文献，说明从诚信角度对住房保障对象进行研究的文献较少。已有文献研究主要集中在保障性住房的公共服务配置、保障对象的界定、住房保障对象进退管理、住房保障对象就业、保障性住房后期管理等方面。

一、住房保障对象的界定

住房保障对象的界定是住房保障制度构建的关键，若住房保障对象界定不清晰，将导致住房保障的泛社会化，影响住房保障的公平性和适度性。住房保障对象是低收入家庭，那低收入家庭如何界定？从政策上看，各地标准并不相同，但基本都涉及家庭收入、财产收入等事项。从实际执行看，部分地区以单一标准认定家庭收入，有的用可支配收入指标，有的用最低生活保障指标，对家庭收入的界定缺乏理论依据和事实依据。

目前，学术界对低收入家庭的界定标准有两种观点。一种观点从支付能力角度进行界定。汤腊梅（2010）从消费者需求角度进行研究，通过构建住房支付能力模型，来测度各阶层住房消费能力，进而确定住房保障对象。郭玉坤（2009）以住房消费收入比、房价收入比等指标为依据，通过科学的方法来确定住房保障对象；一种观点认为，低收入界定方法与我国现有多层次保障体系不相匹配。胡长明（2014）对几种常用的低收入水平界定方法，如基本生活成本法、恩格尔系数法、统计分类推算法、人均可支配收入比例法、相对最大住房支付能力方程式测算法等进行了分析比较，并提出了保障对象收入界定方法，即通过收入分布函数与分位数理论相结合来确定。

此外，还有学者从法律的角度对住房保障对象进行界定。王向前、庞欢（2011）认为，我国虽然已经形成了多层次的住房保障制度，但保障对象和范围仍没有界定清楚，存在着缺失。《住房保障法》的保障对象应该是一切有困难的公民，也包括"夹心层"、农民、农民工等群体，只要确实符合《住房保障法》中住房困难的标准，就应该属于该法保障的对象。[①]

二、保障对象不诚信行为研究

保障性住房申请、使用、退出等多个环节均存在不诚信行为。住房保障对象主要是中低收入家庭，体现收入水平的两个指标是家庭收入和财产状况，而收入和财产核查涉及多个部门。在保障性住房建设初期，因部门之间的信息壁垒，保障对象在申报家庭收入和财产状况时经常出现谎报、瞒报现象，如广州有申请者谎报年收入为 1.38 万元，实际年收入在 15 万元以上；有的申请者收入提高后不再符合申报条件，但没有及时上报。[②] 鲁菊、孙文建（2012）从信息不对称角度对申请环节的不诚信问题进行了研究，认为出现问题的根本原因与申请人、审核制度及监管制度有关，并从加大审核力度、制定奖惩机制、实行动态管理等角度提出了对策；董丽晶、田源（2011）从申请对象科学识别机制角度进行了分析，认为主要采用的家庭收入核定方法，可能导致对家庭资产核算的不全面和失真，影响保障性住房分配的公平，提出采取收入核算和社区群众评议相结合的办法确定保障对象；吴宾、孙晓杰（2016）从文献综述的角度梳理了准入标准存在的问题，存在申请者的资格审查难度大、申请人经济收入动态情况难以监督、骗租骗购惩罚力度低等方面。罗孝玲（2013）从成本收益角度对保障对象不诚信申请的原因进行了分析，认为失信成本太低是主要原因，并从提高失信成本、加大惩罚

① 王向前，庞欢.《住房保障法》应当如何确定保障对象 [J]. 工会博览，2011（08）：42-44.

② 广州公布被取消保障房分配资格典型案例 [N]. 广州日报，2012-11-01.

力度等方面提出了对策建议。徐一萍（2010）对保障性住房申请环节的城市缺失问题进行了研究，并提出加大惩罚和审核力度，提高住房补贴力度等解决措施；谢宝富（2017）、刘海讯（2009）等则分析了香港地区住房保障对象失信行为较少的原因，认为与香港住房保障制度完善、信用市场发达等原因有关。

在使用和退出环节，保障对象不诚信行为，主要体现在房屋空置、违规转租、转售、欠缴物业费、拒不退出等方面，这些行为导致一系列问题，如影响保障性住房的公平分配、降低使用效率、激化社会矛盾。Benson（1984）以产权理论为基础，对寻租现象进行了分析。认为除了市场交易之外，政府分配也是导致产权变化的重要方式。政府分配方式在提高社会福利的同时，也可能导致人为垄断等损害社会福利的现象。因此，在采用政府分配方式进行调控时要十分慎重；吴宾、孙晓杰（2016）分析了保障性住房空置的原因，主要体现在以下方面：缺乏保障性住房供需失衡、空间布局不合理造成空间失配、准入标准制定不合理、审核程序过于繁琐、对政府的监管考核不到位。并从完善保障性住房立法，科学规划保障性住房的选址和布局，制定切实的保障性住房准入标准等方面梳理了对策；向晶、张玉华、高文书（2015）分析我国保障性住房改革中存在的问题时提到，保障性住房的管理过程缺乏有效监督，保障对象的经济条件提高后，如果超出规定的标准，主动退出或强制清退都存在很大障碍；艾建国、陈泓冰、鲁璐（2012）建立进化博弈模型对退出机制进行均衡分析发现，家庭能否有效退出的关键在于惩罚有效果的概率和罚金之积。但现实中，地方政府对逾期不退出制定了相应的罚则，但惩罚力度较小，保障对象不诚信的成本较低；方永恒、张瑞（2013）梳理了保障性住房退出的原因，如信息不对称、监管制度、奖惩机制设置等，并从建立个人信用档案、成立联合退出管理系统、设立专门退出管理机构、建立退出激励机制、探索多样化退出方式等提出建议；王启富（2011）分析了退出环节存在的问题及原因，如个人收入和信用制度不健全，当保障对象收入等发生变化时难以准确进行复核和清除，导致退出的监管困难。缺乏科学严格的退出机制，许多本该退出的对象不能及时退出，降低了“保障”效果。肖伊宁（2014）着重对保障性住房“退出难”的原因进行了分析，并提出了相应的对策。

部分学者对各地保障性住房退出的实践进行了研究，张沈生、申浩月、曹阳（2015）对沈阳市保障房分配监管问题进行了研究，在退出环节存在退出不及时、再分配难度大、缺乏有效的惩罚措施。叶子怡（2019）对上海市保障性租赁住房问题进行了分析，在运营管理环节，存在部分租户租金收缴难，退出执行难，对房源进行拆改、搭建或重新装修，将房源出租或由非申请人占用，对房源进行商业经营等违规违约行为难以约束等问题；卢卫、雷鸣（2009）研究了天津市住房保障实践，认为现行机制和政策，难以激发保障对象向上流动。

三、保障性住房管理研究

住房保障对象在使用、退出等环节存在的不诚信行为，间接反映出保障性住房小区后期管理中存在的问题，现有研究多从人员特点、社区管理角度进行研究。保障性住房社区居民特点方面，Simning（2011）以非裔美国人为研究对象，通过公屋居民与非公屋居民的对比研究，发现公屋居民在焦虑症患病率、情绪障碍、物质使用障碍患病率等指标上均明显高于非公屋居民；陈琳（2010）关注了住房保障对象中的弱势群体，提出这类群体在保障性住房使用环节存在的问题应给予重点关注；申燕飞（2018）认为保障性住房社区居民人员结构复杂且需求多样化，缺乏对社区的归属感，居民很难融入社区管理，并提出保障性住房社区管理的“三社联动”机制。

针对保障性住房社区的管理和服务，Barron（2007）研究了低收入群体的社区服务问题。通过物质和社会服务的援助，如提供住房，提供社会生存技能服务等，让部分低收入群体重新与社会接轨；Paris，Kangari（2006）研究了住房保障对象对社区物业服务的满意度，研究发现满意度与物业管理人员的流动有关，管理人员流动频繁会明显影响住户的满意度；苟亚曦、张英杰（2018）从保障房后期管理的相关机构设置、后期管理模式、个性化措施等三个维度，梳理了我国香港和美国保障房社区后期管理的实践经验，并从制度层面、管理层面和住户层面提出提高保障房社区后期管理水平的具体对策建议；刘建朝、张艳丽（2019）以天津为例，通过分析问卷数据得出物业管理运营、政府管理服务、公共服务供给，是影响保障性住房后续管理绩效的主要因素；张勇宁（2013）从加强立法、强化监管、“梯度退出”机制等方面提出了解决措施。曹伊清（2013）对保障性住房的后续管理问题进行了研究，发现保障性住房对后期监管缺乏有效的法律措施，监管机构也不健全，监管效果还有待提升；吴迪、高鹏（2011）从博弈论角度对保障性住房违规出租进行了分析，发现出租利差和缺乏有效制约是违规出租的主要原因，并提出制定量化惩戒标准、制定有针对性的惩戒指标、建立公众谴责机制等措施，来增强保障性住房政策的有效性。

通过梳理已有文献发现，对住房保障对象界定、不诚信行为、保障房的后期管理等研究相对比较成熟，已有住房保障对象不诚信行为的研究多侧重于不诚信行为的梳理、原因和对策探究，从住房保障对象诚信评价角度进行研究的文献较少，仅有颜芳芳（2016）对住房保障对象诚信评价问题进行了探讨。随着我国社会信用体系建设的完善以及信用市场的成熟，住房领域的信用成为个人信用信息征集的来源，住房保障领域的诚信问题将成为重要研究内容。

第四节　主要研究内容与研究方法

一、主要研究内容

本书研究内容共有九章，可以分为五部分。

第一部分为绪论，书中第一章。这一部分阐明城镇住房保障对象诚信评价的背景与意义，明确相关概念和研究范畴，整理分析国内外相关问题的研究概况，此外还说明了本书的创新点和不足之处。

第二部分为理论研究，书中第二章。这一部分从公平分配理论、需要层次理论、信息经济学理论、博弈论等视角进行分析，也是城镇住房保障对象诚信评价机制设计的理论基础和依据。

第三部分为实践研究部分，包括书中第三、四章。第三章分析了美国、德国个人信用体系建设的经验，以及美国、新加坡住房保障建设的实践，并梳理出我国住房保障对象诚信评价机制设计中可供借鉴的经验；第四章对我国社会信用体系建设历程、实践、现状等进行了分析，对我国住房保障对象诚信评价的现状、经验进行了梳理，对现状进行了分析，对住房保障对象诚信缺失的表现进行了探讨，并剖析了存在的原因及产生的负面影响。

第四部分为住房保障对象诚信评价机制设计部分，包括书中第五、六、七、八章。第五章是住房保障对象诚信评价机制设计，明确了评价机制设计遵循的原则，设计思路及主要内容，评价机制包括信息的征集和管理、诚信评价、诚信监管、评价结果运用、诚信评价结果及支撑体系五个模块。第六章是住房保障对象诚信评价指标体系设计，这也是住房保障对象诚信评价机制的核心内容。这一章对评价指标的选取与设计、指标赋值、评价方法选择等内容进行了明确。第七章是住房保障对象诚信评价指标体系试评价，通过调研数据、网上数据、专家意见反馈等方法，对诚信评价指标体系进行测试，根据试评价结果对指标体系进行调整，使指标体系更科学。第八章是住房保障对象诚信评价指标体系运用，确定了指标体系运用的条件保障，设计了评价结果在奖惩和分级监管中的具体举措。

第五部分为保障措施部分，为书中第九章。从法律法规、制度、政府、环境等维度，提出住房保障对象诚信评价指标体系实施的支撑系统。

二、研究方法

（一）文献研究法

文献研究法是指将历史和社会现象通过二手资料进行考查的研究方式。书中通过查阅国内外相关文献，对住房保障对象诚信评价方面的研究进行梳理和总结，以把握本领域研究的主要内容、方向和不足，为本书选择合适的研究方向和视角提供文献支撑。

（二）比较研究法

比较研究法，是指将两个及以上的对象进行比较，分析它们之间的相似性和差异性，探求一般规律和特殊规律的方法。书中通过研究发达国家和地区住房保障的实践，再结合我国住房保障的实际，梳理出可供我国借鉴的经验。

（三）调查研究法

调查研究法，是指通过实地调研获取有相关资料，并对资料进行分析加工的方法。住房保障对象诚信评价指标体系是评价所需的测试数据，是通过实地调查得出的。此外，还对北京、天津等地住房保障对象诚信评价情况进行了实地调研，获取了现状资料。

（四）案例研究法

案例研究法，是在对研究对象进行初步分析的基础上，选取具有代表性的研究对象作为案例，通过案例分析认识事物现象、本质及发展规律的方法。书中通过分析我国广州、香港等地保障性住房管理的做法和经验，梳理出可供借鉴和推广的经验，同时为住房保障对象诚信评价指标选取和赋值提供借鉴。

第五节　本书的创新与不足之处

一、创新之处

构建了住房保障对象诚信评价指标体系，对住房保障对象的诚信水平进行量化。目前国内还没有城市专门对住房保障对象的诚信水平进行评价，但是有些省市，如天津、广州、江苏、河北、安徽宁国市、湖南长沙市，在住房保障对象诚信方面进行了一些有益的探索，这些探索为本研究提供了很好的借鉴。在此基础上，构建了切合我国实际的住房保障对象诚信评价指标体系。

根据评价结果制定可行的举措，即奖惩并举和分级监管。奖惩并举的措施不仅局限于保障性住房领域内部，还扩展到社会其他领域，能有效改变住房保障对象的行为预期，减少不诚信行为的发生。此外，分级监管措施可以提高政府工作效率和政策瞄准性，减少监管成本。

二、不足之处

住房保障对象诚信评价指标体系设计时没有考虑地方的差异性，指标体系进行测试时只选择了一个地区的静态数据。希望在将来的工作中继续开展深入研究，按照区域类型设计更具针对性的评价指标体系，并根据区域特点制定具体的奖惩措施和监管措施，使住房保障对象诚信评价机制更完善、科学，更具有指导性。

第二章　住房保障对象诚信缺失的理论分析

第一节　公平分配理论

公平与效率是福利经济学研究的两大核心问题。Rawls（2001）在《公平论》中主张公平与正义是社会发展的基石。Binmore（2005）认为公平是人类天生的追求，即使在经济人假设下不公平也会导致个体效用的最低化。Thaler（2016）在《“错误”的行为》中通过行为实验解释了“怎样才算公平”，指出并非所有人都是完全理性的、自私的，而人们对公平的感知与禀赋效应有关。

怎样分配才是最公平的，以及如何处理公平与效率之间的关系，还没有统一的认识，最被认可的有功利主义原则和罗尔斯公平主义原则，前者追求效用最大化，后者强调公平。公平分配理论强调社会成员中最劣者情况的改善。

在保障性住房领域，可以用 Heady（1978）提出的“垂直公平”与“水平公平”理论解释本领域的公平问题。“垂直公平”，是指各类收入水平家庭通过保障性住房政策实施而获取收益的强度。“水平公平”，是指各类收入水平家庭在保障性住房政策实施中都被平等对待。[①] 保障性住房计划的保障对象是城镇中低收入住房困难群体，计划实施能解决他们的住房困难问题，改善他们的住房状况，使其获得额外利益。

随着城镇化的快速推进，城市中流动人口规模不断壮大，再加上近几年大学毕业生人数的持续增长，城市中农民工、新市民和大学毕业生等群体的住房问

① 马建平 . 中国保障性住房制度建设研究 [D]. 长春：吉林大学，2011.

题日益凸显，住房问题的产生，是社会利益分配不合理派生出来的。此外，在保障性住房的分配工作中，保障对象失信问题的产生也会影响公平分配，甚至带来严重的社会问题，因此在分配中必须遵循公平原则，使利益分配尽可能公平合理。

第二节　需要层次理论

需要层次理论是由马斯洛提出的，马斯洛是美国人本主义心理学家，1943 年，其在《人的激励理论》中首次论述了需要层次理论。马斯洛按照层级对人类需要进行了划分，从低级向高级依次为生理需要、安全需要、社会需要、尊重需要和自我价值实现需要（见下图）。最低层级生理需要是人类维持生存最基本的需要，也是推动人们行动的首要动力。只有满足个人低层级的需要，高层级的需要才能成为新的激励要素，如图 2-2-1 所示。

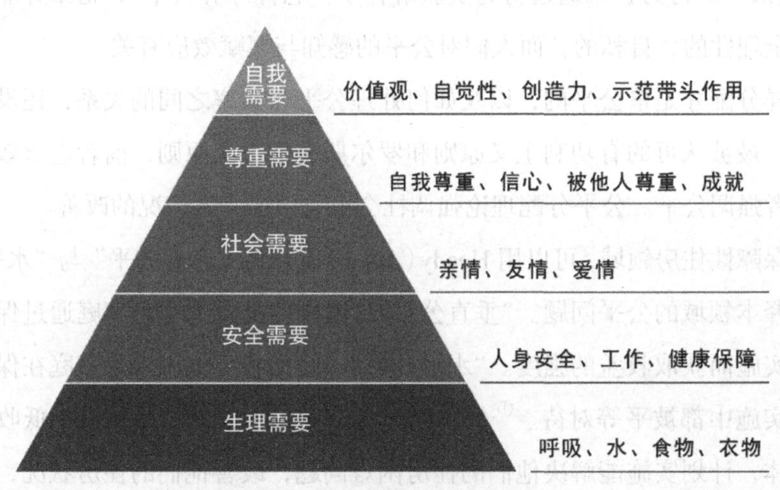

图 2-2-1　马斯洛的需要层次理论

该理论表明，人类价值体系中低级需要一般是人们最迫切的需要，也是人们产生行动力的主要原因。从政府角度看，首先应满足个人低层次的需要，只有这样，高层次的需要才有可能出现，并得到进一步的满足。这需要在现实工作中，针对不同群体的需要差异，分类对待，有针对性地满足其需要，只有这样才能解决社会中存在的利益冲突和矛盾。

现代社会，住房是人们最基本的需求。但中低收入群体难以承受商品房高昂的房价，保障性住房政策能让这一群体实现有房住。只有这一最基本的需要满足后，高一层级的需要才可能真正出现。在保障性住房领域，出现保障对象提供虚假材料、拒不退出等失信行为，为了实现个人的基本需要损害了其他人的利益，因此，在保障性住房领域应制定合理的奖惩措施，对守信的保障对象应给予奖励，且奖励措施不局限在保障性住房领域，还可以拓展到教育、金融等领域，鼓励这些群体积极向上流动，激发其更高层次的需要。同时，对失信的保障对象给予惩罚，同样，惩罚措施也不局限在住房领域，要拓展到经济社会生活的其他方面，从根本上改变其行为预期，维护社会的公平正义。

第三节 信息经济学理论

信息经济学研究的是信息不充分或不对称条件下经济主体之间的博弈问题。信息不对称条件下，一方可能利用其信息优势，对另一方实施欺诈或其他违背诚实守信原则的行为。信息是指某些指定事实的一些消息。按照人们对信息掌握程度的不同，可以分为公共信息和私有信息两类。一则信息要成为私有信息，基本前提是本身具有隐蔽性，因此私有信息又称为“隐蔽信息”。私有信息的存在导致了信息不对称，即经济主体中一方掌握的信息是完全的，另一方掌握的信息是不完全的，一方比一方掌握的要多。相反，如果双方掌握的信息都是完全的，或者双方掌握的信息都是不完全的，这种情况称为“信息对称”。

现实经济社会活动中，信息对称的情况较少出现，常见的情形是信息不对称，它也是失信的必要条件。信息不对称程度越大，产生“逆向选择”和“道德风险”的可能性就越大，交易的费用也越大。比如当人们购买了家庭保险后，从心理上和行动上会放松对家庭财务的看管。因为如果屋子失窃了或者着火了，他将获得保险公司的赔偿。信息不对称和利益驱动导致了上述行为的发生。

在保障性住房领域，由于政府与保障房申请者之间信息不对称，个别保障房申请者利用自己的信息优势，做出对自己有利却损害政府利益的违规行为。此外，还可能将符合条件的家庭“驱逐”出本次申请。例如，由于保障性住房申请者提供虚假收入证明而获得住房，获得住房的家庭违规将保障性住房出租获利；保障对象因收入增加时不主动申报而不能及时退出保障性住房。

在保障性住房准入环节，某些不符合条件的申请人通过提供虚假资料等违法手段获得保障性住房，使得真正需要保障性住房且符合条件的居民利益受损。这些问题产生的根本原因是准入机制的不完善，使得部分居民为获得本不该有的保障性住房福利而进行道德和法律层面负面行为。

我国对准入环节违规的惩罚力度较轻，通过梳理各地住房保障政策发现，对申请中出现的弄虚作假等不诚信行为，通常采取的惩罚措施是取消申请资格，一定年限内不能再次申请，或记入不良信用记录。从已有处罚措施看，惩罚力度小，对违规申请者来说仅是名誉受损，并没有经济损失，也不会受到法律制裁。与日益攀升的商品房价格相比，保障性住房价格低廉或租金较低，且违规成本较小，必然会有人不惜牺牲名誉换取保障性住房，这也是在准入环节存在道德风险的重要原因。

在保障性住房使用环节，住房所有者为了实现个人利益需要，存在违规出租套利需要，这也是保障对象在使用环节失信的根本原因。此外，日益上扬的商品房价格加剧了这种套利行为的产生。保障性住房违规出租道德风险的存在，是由于惩罚措施太轻、违规成本太低造成的。目前，还未出台针对住房保障对象违规行为的法律制裁办法，各地只是在相关管理办法中进行了规定，并未涉及法律制裁。以公租房为例，对于转租、转借等不诚信行为，厦门市仅要求退出住房，成都市也是采取相同的惩罚措施。为了改变这种无效的惩罚方式，我国应尽快完善保障性住房违规出租等失信行为的相关法律条例，加大对保障对象失信行为的惩罚，以改变其行为预期，从根本上遏制违规出租行为的产生。

在保障性住房的退出环节，保障对象因收入水平提高等因素不再符合申请条件，个别保障对象通过隐瞒等方式继续享受保障房福利，这一道德风险产生的原因，一是来自保障家庭本身，如果退出保障性住房后其生活质量可能会低于享受保障房福利时期，因此不愿意放弃既得利益而主动退出；二是来自政府决策，如果政府部门强制进行腾退，可能会引起一些负面问题。

政府与住房保障对象之间的委托–代理模型中，政府是委托人，属于信息劣势方，住房保障对象是代理人，属于信息优势方。由于信息不对称，再加上政府各部门之间信息未完全实现互联互通，导致政府部门很难判断保障对象是否隐瞒信息，使得难以对其进行有效监督。因此，政府部门需要通过制定有约束力的措施，提高保障对象的违约成本，才能减少失信行为的发生。

第四节　博弈论

博弈论，是研究博弈中决策主体之间相互作用的理论。任何一个博弈都具备三个要素，一是博弈的参与者，他们一般都是理性的，目标都是追求个人期望利益的最大化；二是每一个参与者可供选择的策略，是参与者针对他人的可能行动和不同外在状况制定的行动计划，它告诉参与者在每种状况下该如何行动；三是参与者的得益或支付，即每个参与者通过博弈得到或失去多少。博弈论是讨论行为与动机、竞争与合作的理论基础，也是机制设计的理论依据。

博弈的参与人都具有充分的理性，每个人根据对方的选择来决定自己下一步的策略，目的是谋取利益最大化。在保障性住房领域中，假设是两人博弈情形，即存在两个住房保障对象，只要任何一方不守信，就会影响住房的继续申请或使用，[①] 甚至这种影响会延伸到住房之外的其他领域，如果两方都不守信，除了对个体产生前述影响外，还会使政府部门严格保障性住房的申请和使用，如提供信用担保人或使用保障金，提高监管频次等，额外增加守信主体的负担，增加政府工作成本。以上行为可以用博弈论中的“囚徒困境”模型加以解释，如表 2–4–1 所示。

① 马建平 . 中国保障性住房制度建设研究 [D]. 长春：吉林大学，2011.

表 2-4-1 保障对象信用中的“囚徒困境”

<table>
<tr><td colspan="2" rowspan="2">策略组合结果</td><td colspan="2">保障对象 A</td></tr>
<tr><td>守信</td><td>不守信</td></tr>
<tr><td rowspan="2">保障对象 B</td><td>守信</td><td>（1，1）</td><td>（-1，1）</td></tr>
<tr><td>不守信</td><td>（1，-1）</td><td>（-1，-1）</td></tr>
</table>

根据上表可知，保障对象有守信和不守信两个策略，合起来看，两个保障对象共有四个策略组合，即（守信，守信）（守信，不守信）（不守信，守信）（不守信，不守信），其中每一个括号的前一项是保障对象 A 的策略，后一项是 B 的策略。双方博弈出现三种情况，第一种是双方都守信，实现利益最大化，所有的参与人都处于均衡状态，即纳什均衡。在该策略组合上，无论保障对象 A 还是 B 都不会单独改变自己的策略，因为单独改变策略将使自己的支付减少，无论是保障对象 A 还是 B 单独改变策略，即从守信变为不守信，则它的支付就会从原来的 1 减少到 -1。第二种是一方守信，另一方不守信，结果是一方获益，一方受损。第三种是双方都不守信，结果是双方都不会获利。

根据以上分析可知，只有在双方都守信的组合策略下，才能为下次获利提供机会。而只有一方守信，或双方都不守信，整体利益都未实现最大化，失去下次获利的机会。在社会信用体系完善的环境下，保障对象都会选择守信，实现个人及整体利益的最大化。反之，则会出现一方不守信或双方都不守信的情况。

上述模型的分析属于完全信息的静态博弈，完全信息是指所有参与者都清楚地了解所有参与者的特征、策略集、博弈函数等方面的准确信息。静态是指博弈的参与者同时行动，或非同时行动但后行动者在行动时不知晓对方的行动。同时满足以上两个条件的博弈就是完全信息静态博弈。有若干个参与者的博弈中，在其他人策略给定的条件下，每个参与者采取的策略都是自己的最优反应，从而实现利益最大化，此时所有参与者达成的策略组合，就是该博弈的一个纳什均衡。

在实际社会经济活动中，博弈有多种类型（见图 2-4-1）。无论哪种博弈模型，参与者的目标都是实现利益最大化，但参与者的利益很大程度上与自己的策略选择有关，但同时也受其他参与者的策略影响。如在保障性住房使用中，如果有个别保障对象出现违规出租，不交纳租金等不守信行为，在保障性住房后期管理中，可能会采取让所有保障对象交纳住房保障金、提供信用担保人等措施，对于守信的保障对象来说，虽然其选择的是守信策略，但也需要承担不守信对象带来的后果。如果信用体系中参与者的策略能实现利益最大化，并且达到均衡，则参与者的策略就是最优策略。如所有住房保障对象都能按照约定使用保障性住房、按时交纳租金等，在保障性住房后期管理中，可能会取消交纳住房保障金等，这种结果对所有住房保障对象都是有利的，如图 2–4–1 所示。

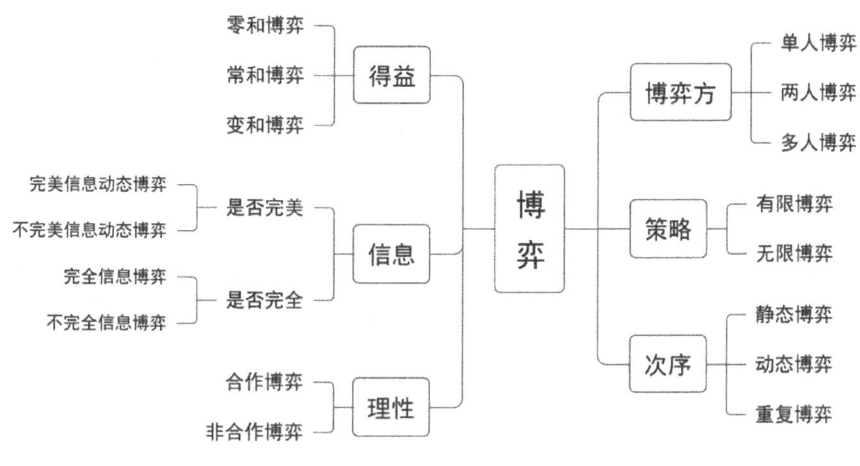

图 2–4–1　博弈的分类

在运用博弈论进行信用分析时，单次博弈中，参与人之间缺乏互相制约的手段，也无法通过制约和威胁来实现参与人之间行为的互相约束。因此，一次博弈很难形成有效的配合和默契，从而导致某些博弈的收益不是帕累托最优结果，如“囚徒困境”。因此，在单次博弈中，参与人之间互相不信任甚至是互相欺骗，但到了重复博弈中可能走向相互配合和协作，以至于追求共同的利益。于是参与人之间互惠互利、合作共赢的机会要比单次博弈中大得多。单次博弈中容易产生失信行为，重复博弈更容易在博弈双方之间建立信用关系。

重复博弈是指同样结构的博弈在相同环境条件下重复多次。重复博弈与单次博弈不同，单次博弈的参与者只需顾及眼前利益即可，只要有利可图，无需考虑公平与合作问题。在重复博弈中，参与人必须考虑后继博弈的影响，因此博弈中的参与人对眼前利益和未来利益的权衡，会影响当前阶段的行动选择。虽然是简单博弈的多阶段重复，但是因为参与人要考虑自己的长远利益，这样制裁、惩罚等威胁将成为很现实的制约手段，而声誉、公平等信念将成为可信的激励因素。

重复博弈中，有两个因素可以影响博弈结果，一是博弈的重复次数，这将决定参与人对短期利益与长远利益的权衡。二是重复博弈中信息的完备性，这是重复博弈能够产生约束力的基础所在，一旦信息不完整，参与者的奖赏与惩罚策略将无的放矢。如果双方可以进行多次博弈，有经济主体 A 和 B，在互动中，如果 A 选择信任 B，而且 B 也守信没有欺骗 A，则 A 会一直信任 B。一旦 B 失信于 A，A 则难以再信任 B。作为理性的经济人，从长远来看，只要 B 守信得到的长期利益大于失信得到的一次性利益，B 就会选择守信，这是 B 的理性原则。此时，双方处于一个均衡状态。

从博弈论角度分析保障性住房领域，保障对象总是寻求最优的策略并形成一个均衡状态。如果某个住房保障对象因不诚信行为而获取了利益，其他的保障对象知悉后就会在社会经济活动中拒绝对他提供信用，甚至会影响到保障对象在其他社会领域中的活动开展，因此这个保障对象就会处于孤岛状态，从而付出巨大代价。因此，社会信用体系越完善的社会环境，保障对象不讲信用不是最优策略。其最优策略应该是守信。

反之，在社会信用不完善的社会环境中，如果某个保障对象因不守信用获得利益，其他保障对象和社会成员无法知悉，并在其后的经济社会活动中仍对他提供信用，这个保障对象就会因此继续获得收益，甚至在保障性住房之外的领域获得额外收益。因此，在社会信用不完善的社会中，该保障对象的最优策略是不守信用。其他保障对象发现不守信有利可图，守信却遭受损失，这些人的最优策略也会调整为不守信用。如果大多数保障对象或社会成员将不守信用作为最优策略时，保障性住房领域乃至整个社会的信用环境就会恶化。

因此，如果保障对象只是进行短期博弈，就会选择失信策略，但从远期看，随着社会信用体系的完善，在住房保障领域一旦有失信行为，保障对象在经济社会活动中将会处处受到制约。同时，要加大存在失信行为的保障对象的惩罚力度，才能使其进行长期博弈，才能减少失信行为。

第三章　发达国家个人信用体系和住房保障领域的实践

第一节　发达国家个人信用体系建设特点

住房保障对象的诚信水平受整个社会信用水平的影响，整个社会信用水平与信用制度是否健全、信用体系是否完善有很大关系。美国、德国、日本是世界上信用制度相对健全的国家，它们在社会信用体系建设方面都有自己的特色。以信用者主体为标准，社会信用体系可以划分为三类：政府、企业和个人信用。对住房保障对象诚信的研究应归类为个人信用体系，如图 3-1-1 所示。

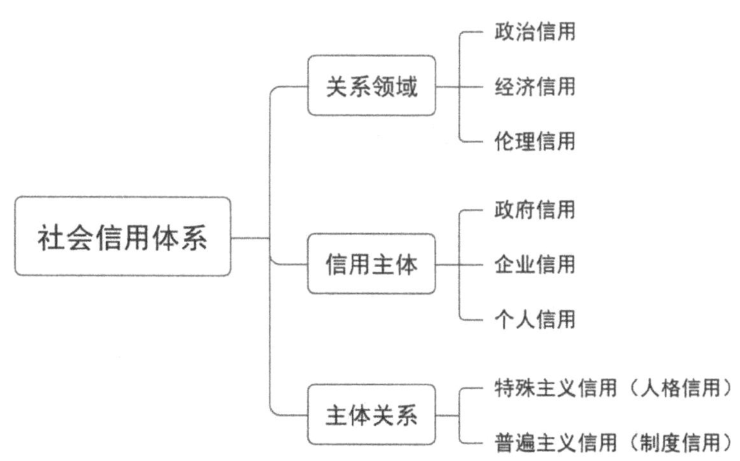

图 3-1-1　社会信用体系分类

一、美国个人信用体系建设的特点

美国信用体系以市场化运作方式为主，属于私营征信模式。美国社会信用体系已经历将近 200 年的历史，其中个人征信已有 100 多年的发展历程，信用体系发展大致经历了三个阶段（见图 3-1-2）。经过长期的发展与完善，美国成为世界上个人信用体系最完善的国家之一，在信用体系建设上形成了自己的特点。

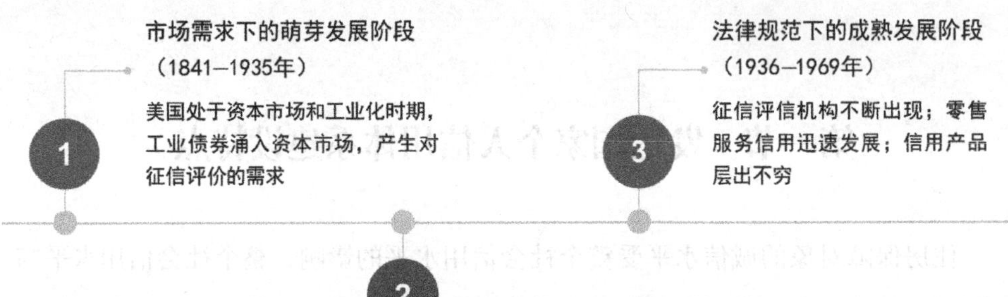

图 3-1-2　美国信用体系发展历程

第一，市场主导与政府引导相结合。

美国社会信用体系完全是市场运作模式，政府主要为信用行业发展提供良好的市场环境[①]，如立法，出台相关政策规定等。

针对消费者的信用评估机构，在美国叫信用局或消费信用报告机构（Credit Bureau）。信用局是消费者个人信用调查报告的供应商，专门从事个人信用资料的收集、加工整理、量化分析、制作和售后服务，形成了个人信用产品的一条龙服务，是美国信用体系的重要组成部分，如图 3-1-3 所示。信用局是独立的私人企业，他们都是以盈利为目的，完全依市场化原则运作。在美国，银行、商店等机构是否决定向受信者授信，都是直接从信用局获取信息。信用局从全国各地的金

① 徐宪平 . 关于美国信用体系的研究与思考 [J]. 管理世界，2006（05）：1-9.

融机构、授信机构、地方征信公司、第三方数据处理公司等搜集信用记录数据，信用局向授信者提供信息的主要形式是信用报告。通过信用报告，授信机构能客观评价受信者的信用品质，从而克服授信者与受信者之间的信息不对称现象，做出是否进行授信的正确决策。

搜集数据源	数据标准化	三大征信局 数据处理	形成信用产品	信用应用
· 金融机构 · 授信机构 · 第三方数据处理公司 · 地方征信公司 · 公共记录	· Mertol · Merto2	· 益百利（Experian） · 艾克菲（Equifax） · 环联（Trans Union）	· 信用评分产品（FICOScore、Vantage Score） · 信用调查报告 · 原始征信数据	· 金融机构 · 授信机构 · 雇主企业 · 数据分析公司 · 联邦政府 · 公共服务机构 · 个人

图 3-1-3　美国个人征信体系运行图

美国信用局制度采取完全竞争的市场原则，大型和小型信用局并存，以满足不同的市场需求，从而共同促进美国个人信用体系的发展完善。大型信用局领域主要有三大公司，环联公司（Trans Union）、艾克菲公司（Equifax）和益百利公司（Experian），三家机构各有不同的运作方式和市场空间，如图 3-1-4 所示。这三家公司联系分布于全国的 1000 多家地方信用中介机构，收集了近 2 亿份成人的信用资料，每年出售 6 亿多份个人消费信用信息报告，每月进行 20 多亿份信用信息的处理工作，每年的营业额超过百亿美元。美国还有数千家小型消费者信用服务机构，提供不同形式的消费者信用服务。大多数小型信用机构都是三大信用征信机构的会员，通过为三大信用征信机构提供信息及为客户提供相关信息而获利。同时，美国也存在许多小型信用局，涉及医疗、住房、通讯等各专业领域，这些小型信用局担当了不同市场角色，多角度满足了个人信用市场的有效需求。

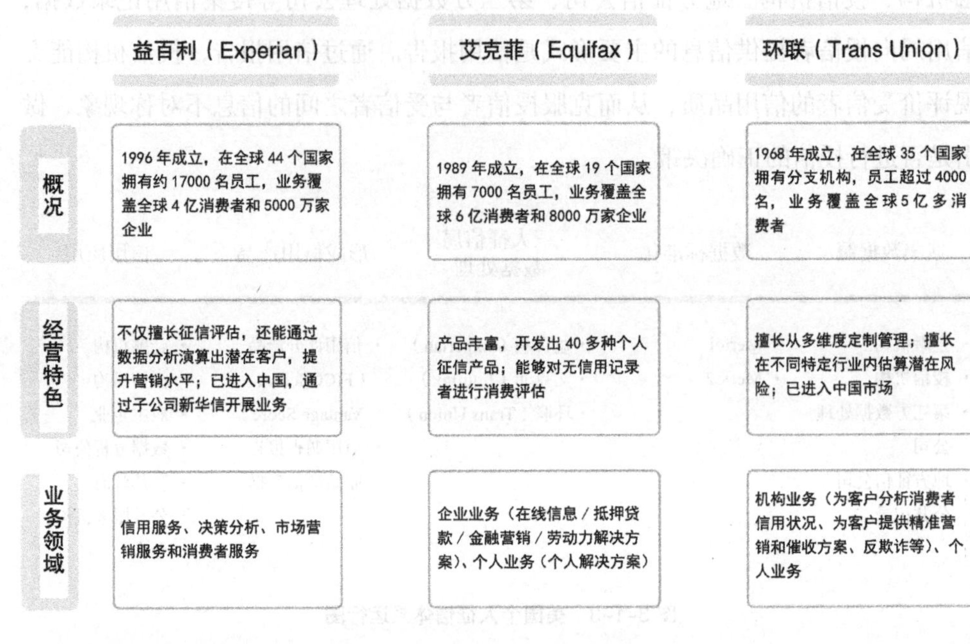

图 3-1-4　美国三大征信公司特色

在美国，信用服务公司不受政府控制，独立性、中立性和公正性是这些公司的立身之本，也是创造客户价值的源泉。他们向全体信用需求方提供信用信息有偿服务，在很大程度上避免了因信用交易的扩大而带来更多信用风险。信用产品作为商品在美国市场乃至全球市场的销售规模不断扩大。

第二，行业自律与执法监管相结合。

美国的信用体系是金字塔式的完善体系，金字塔的基石是政府立法，向上依次为行业协会、信用评估机构和信用消费者。行业协会的作用是通过会员间的交流、培训和协调，进行行业自律管理。政府在信用行业中的作用是制定完善的法律，将信用产品加工、生产、销售、使用的全过程纳入法律范畴，形成完整的框架体系，如表 3-1-1 所示。

表 3-1-1　美国基本信用管理法律

序号	法律名称	序号	法律名称
1	公平信用报告法（Fair Credit Reporting Act）	9	储蓄机构解除管制和货币控制法（Depository Institutions Deregulation and Monetary Control Act）
2	公平债务催收作业法（Fair Debt Collection Practice Act）	10	甘恩—圣哲曼储蓄机构法（Garn–St Germain Depository Institution Act）
3	平等信用机会法（Equal Credit Opportunity Act）	11	银行平等竞争法（Competitive Equality Banking Act）
4	公平信用结账法（Fair Credit Billing Act）	12	房屋抵押公开法（Home Mortgage Disclosure Act）
5	诚实租借法（Truth in Lending Act）	13	房屋贷款人保护法（Home Equity Loan Consumer Protection Act）
6	公平信用和贷记卡公开法（Fair Credit and Charge Card Disclosure Act）	14	金融机构改革—恢复—执行法（Financial Institutions Reform，Recovery，and Enforcement Act）
7	信用卡发行法（Credit Card Issuance Act）	15	社区再投资法（Community Reinvestment Act）
8	电子资金转账法（Electronic Fund Transfer Act）	16	信用修复机构法（Credit Repair Organization Act）

第三，征信评信与授信相结合。

征信评信制度，是美国信用体系的核心。在市场需求和政府引导双重作用下，征信评信制度已经成为社会成员必须遵守、维护的一项基本经济制度。许多美国人视信用与自己的生命同等重要。

征信评信主要由信用服务机构来完成，其信用产品服务包括信用信息的征集、数据处理与信用评估、信用产品销售和使用等内容，如图 3-1-5 所示。征信机构收集的个人信息既包括正面信息也包括负面信息。信用数据的处理中，FICO 评分系统占主导地位。FICO 是 1956 年由 Fair Isaac Corporation 开发的评分系统，其根据三大征信局的数据计算出标准化的 FICO Score。信用产品必须严格按照法律规定使用，如图 3-1-6 所示。

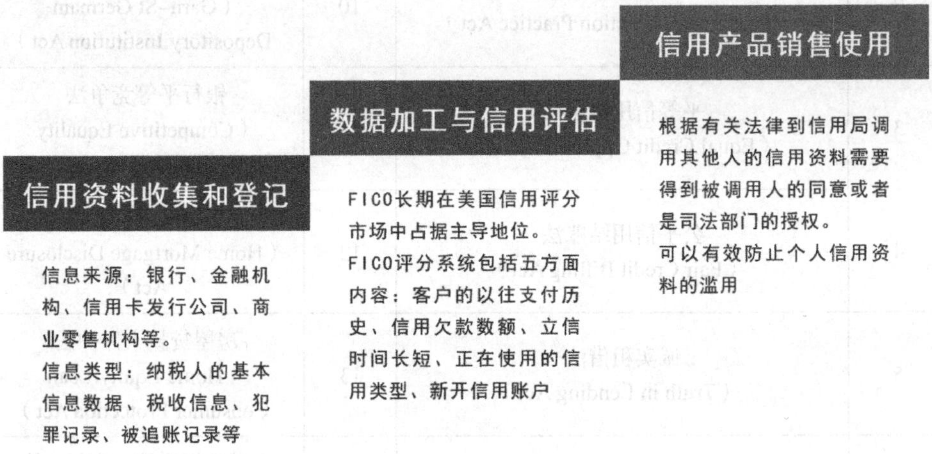

图 3-1-5 信用产品制作环节

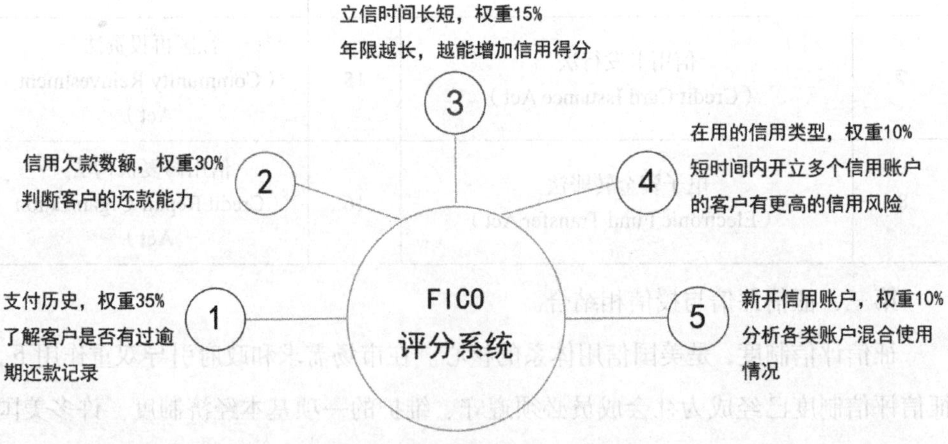

图 3-1-6 美国 FICO 评分系统的构成

第四，信息共享与权益保护的结合。

目前，美国已经形成了良好的有法律保障的信用信息公开市场环境。其中最重要的法律是《信息自由法》《联邦咨询委员会法》《阳光下的联邦政府法》，这三部法律的核心思想是原则上政府信息要公开，政府信息具有公共产品性质，一切人获得信息的权利是平等的。

美国的信用交易十分普遍，信用消费是拉动美国经济的主要动力，消费者的消费行为和自己的信用资格的关联度越来越大，如果消费者的信用等级不可信，就会直接影响借贷和购物的便利。如果信用局提供的信用产品出了问题，运用的信息来源有错误，就会对消费者造成损害。在信用交易呈几何状扩张的情况下，对消费者合法权益的保护就显得格外重要。

信用作为规范市场和个人经济行为的最重要手段之一，在人们的经济生活乃至日常生活中起着重要作用，几乎没有企业和个人不受“信用”的约束，即在经济行为上受到“信用”所定义的经济伦理约束。在信用信息内容方面，民营征信机构的信息较为全面，不仅征集负面信用信息，也征集正面信用信息。因此，信用记录差的个人在信用消费、求职等诸多方面都会受到很大制约。所以在美国，信用被毁掉是一件非常可怕的事情，有不少不遵守当地信用法律和商业道德的公司和个人，为此断送了事业的发展和生活的便利。因此，美国公民都具有极强的信用意识，非常注重维护自己的信用，这种信息透明的市场文化反过来也促进了美国信用体系的发展。

第五，守信激励与失信惩戒的结合。

在美国，信用交易非常普遍，且有严格的奖惩措施，信用记录差的个人在信用消费、求职等方面都会受到很大的限制，因此消费者都有很强的信用意识。由于信用与个人生活密切相关，人们对自己的信用状况十分关注，定期向信用局查询自己的信用报告，以免产生负面信息。

信用体系的有效发挥，有赖于信用激励和失信惩戒的互动机制。个人的资信状况，将决定个人的融资成本和融资额度。个人信用评分等级越高，获得的信用额度越多，获得的融资数量越多，贷款利率越低，融资成本越高，获得的保险价格也越低。由于美国的信用交易已经渗透到经济社会的各个领域，不良信用记录直接影响到就业、晋升、租房、工商登记等方方面面，对个人的生存和发展都会产生危害。

美国的不良信用惩罚是由私人操作并自愿实施的。信用经营机构、信息管理机构和信用管理服务机构将通过信用信息、信用评价报告等形式，将有不良信用记录的责任人和惩戒意见向社会公告，并载入相应的信用信息数据库，失信名单中的个人将难以再与社会各界进行正常的信用交易。不良记录一般维持在9—10年，在此期间，信用不良的个人将难以获得工商登记、银行贷款、信用服务、个人信用卡等，如表3-1-2所示。

表3-1-2 美国对失信者的惩罚措施

措施	具体内容	作用
公示失信行为	将失信主体的失信行为扩大为失信主体与全社会的矛盾，将失信主体的失信记录依法律规定保留多年，从而对失信主体产生强大的约束力和震慑力	奖罚分明的机制大大强化了社会成员的信用意识，规范了社会成员的信用行为，这也是美国信用体系得以健康发展的重要因素
处罚	经济处罚和劳动惩戒	
与司法部门配合	对失信行为严重的，按相应的法律量刑	

美国的不良信用惩戒机制可以很好地发挥作用，主要依靠国家和信用产业的支持。国家信用管理主要包括立法和政府有关部门的规定，如公民不得拥有多项身份证明、不得随便更名、不得保留公民指纹记录、不得将公民或外国人作为新公司股东注册登记或担任最高管理职务等。对信用管理行业的支持主要体现在对个人信用记录的及时完整采集和向社会公开销售。信用评价机构对信用信息进行整理分析，做出评价并向社会公告。

二、德国个人信用体系建设的特点

德国是信用经济高度发达的国家，建立了一套相对完善的社会信用体系，即以政府为主导的公共信用体系为骨干，以民营信用体系为服务和执行主体，社会诚信度整体水平较高。社会信用体系建设的完善和成熟也使得信用消费非常普遍。

第一，公私并存的信用服务机构格局。

德国社会信用体系包括公共征信系统和私营信用服务系统两类。公共征信系统主要包括德意志联邦银行信贷登记中心系统，以及工商登记信息、法院破产记录、地方法院债务人名单等行政、司法部门的信息系统。它们是民营信用机构重要、可靠、权威的数据来源，政策制定者和社会信用的监督管理者。德意志联邦银行信贷登记系统供银行与金融机构内部使用，在使用范围上有明确的限制。而工商登记信息、法院破产记录和债务人名单均对外公布并可查询。公共信用信息系统依法向私营信用服务系统提供信息服务，成为私营征信机构信息的重要来源之一。

私营信用服务系统主要是从事企业与个人资信调查、信用评级、信用保险、商账追收、资产保理等业务的信用服务公司，根据自身业务需要建立的企业与消费者信用数据库及其提供的信用服务，如图 3-1-7 所示。私营信用服务系统是德国社会信用体系的主体。

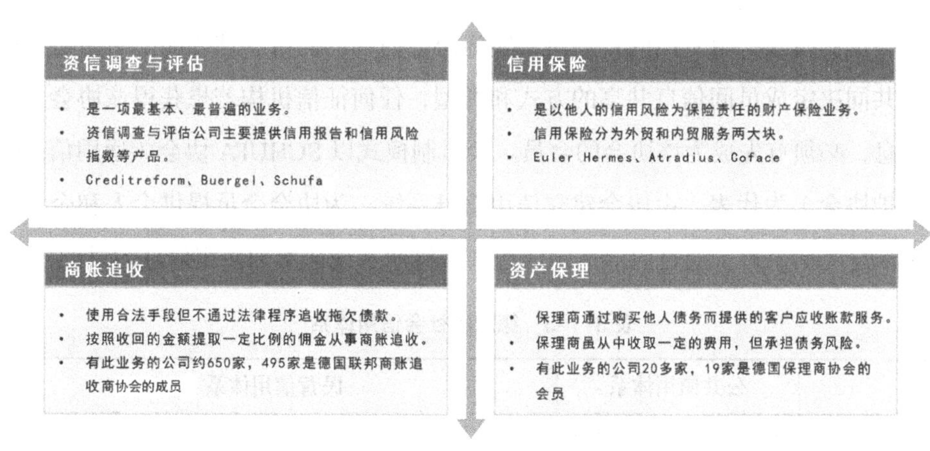

图 3-1-7　德国私人信用服务公司的业务范围

第二，三种经营模式相辅相成。

德国社会信用体系有三种经营模式：以中央银行建立的“信贷登记系统”为主体的公共模式；以私营征信公司为主体的市场模式；以行业协会为主体的会员制模式。这三种模式相辅相成，共同构成德国统一完整的社会信用体系。

信贷登记系统主要是进行信息的归集。德意志联邦银行信贷登记中心系统由政府出资建立全国数据库，并通过法律强制要求所有金融机构必须参加公共信用登记系统。破产记录、工商登记信息、债务人名单等公共信用信息也由政府通过法律法规的规定强制收集。在信息的使用上也有严格规定，系统中的数据按照数据提供和使用对等原则，实行封闭管理，只向金融机构提供，不向社会开放。公共信用信息则对外公开。

私营征信公司提供信用产品的前提是信息采集，其采集的信息包括个人的基本信息和信用信息。其中，基本信息主要来自政府部门和公共机构，每个人唯一的社会安全号为获取基本信息提供了便利。信用信息主要来自金融机构、合作伙伴和私人部门。如 SCHUFA 95% 的信用数据来自合作伙伴，另有 5% 来自法院、邮局等公共机构。私营征信公司采集政府部门和公共机构的信用信息是免费的，采集邮局的信息要付费。采集私人部门的信息费用由双方协商确定，如果信息提供者也是信息主要使用者，一般可以免费采集信息，但信息使用者使用信息时需要付费，如表 3–1–3 所示。

会员制模式，由专门的行业协会实施协会内部的监督管理职能。由该协会的成员共同决定成员间信息共享的方式和类型，任何征信机构若想获得该协会成员的信息，必须首先成为该协会的会员。会员制模式以 SCHUFA 协会（通用信用保险保护协会）为代表，由协会建立信用信息系统，为协会会员提供个人和企业的信用信息互换平台，通过内部信用信息共享机制实现征集和使用信息的目的。

表 3–1–3　德国的社会信用体系

	公共信用体系	民营信用体系
体系框架	联邦银行信贷登记中心系统	个人征信局、企业征信局
涉及领域	信用信息记录	信用信息采集和信用产品服务
信息征集	通过法律强制征集	基本信息来自政府部门和公共机构；信用信息来自金融机构、合作伙伴和自认部门
信息使用	政府承担	来自政府部门的部分信息免费，其他信息按市场规则付费

第三，完备的信用管理法律体系。

完备的法律体系是社会信用体系的基础保障。由于德国私营社会信用服务体系占据主体地位，因而有关信用管理的法规分散在商法、民法、信贷法和数据保护法等多部法律法规中，并没有建立一部专门的信用管理法。

德国涉及信用管理的法律有规范信用信息的法律，保护个人隐私的法律，规范催账程序的法律，以及加强信用监督的法律。如《联邦数据保护法》《信息和电信服务法》《欧盟数据保护指南》对个人数据的获取、存储、使用、传播等方面都有严格规定。征信机构必须公正、合理地收集消费者和企业的信用资料。消费者有权了解征信机构收集、保存的本人信用资料。数据处理单位的工作人员有保密的义务，只有在法律允许或经用户同意的情况下，有关公司才能提供用户的信用数据。禁止在消费者信用报告中公开消费者收入、银行存款、生活方式和消费习惯、超过法定记录期限的公共记录中的负面信息等。

第四，分类监管的信用管理方式。

由于德国信用体系结构的多样化，其信用体系的监督管理也存在多样化的特点。

以德意志联邦银行统一建立的“信贷登记系统”公共模式下，金融机构向“信贷登记系统”提供信息并按规定使用信息。联邦银行作为中央银行负责该系统有关信息报送、使用的监督管理。

以市场模式为主的私营公司领域。各私营公司按照相关法律法规的要求开展业务，监督与管理职责由出台相关法规的职能部门执行。

行业协会领域。由专门的行业协会实施协会内部的监管职能。如SCHUFA内部，协会成立了成员单位的信息共享平台，同时协会也负责监督管理各成员单位在信息平台的信息提供、披露等行为。

第二节　发达国家住房保障的实践经验

一、美国的住房保障实践经验

美国是住房保障政策起步较早的国家之一，政策目标主要是解决中低收入群体的住房问题，中低收入群体的住房问题也是社会福利体系的重点。美国住房保障体系建设开始于19世纪末期，先后经历公共住房建设、补贴住房建设、房租补贴三个阶段，由三个阶段的住房保障实践变化可知，政府的政策导向也经历了从注重供给端向注重需求端转变，如图3-2-1所示。

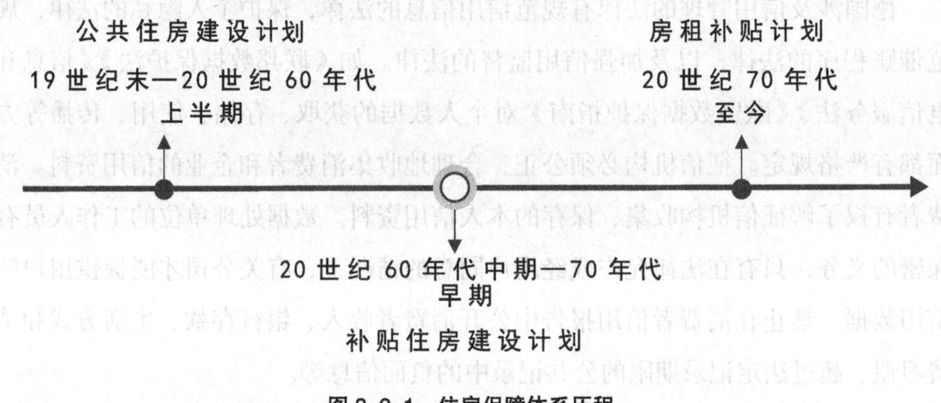

图3-2-1 住房保障体系历程

第一，针对不同层次的收入群体有十分清晰的保障形式，如图3-2-2所示。

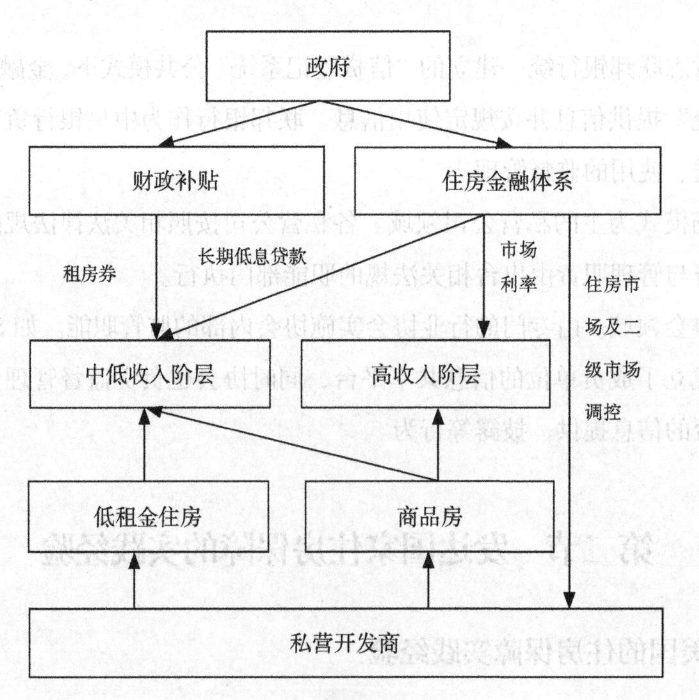

图3-2-2 美国住房供应体系

美国政府针对不同收入阶层采取了差异化的住房保障措施，如表 3–2–1 所示。针对低收入家庭，以有房住为目标，保证此类家庭能租得起房。对于中低收入家庭，以住得起房为目标，保证此类家庭能买得起房。

对低收入者，从供给端和需求端考虑，采取实物补贴和现金补贴相结合的方式，以保证此类群体有房住。对中低收入者，则是从需求端出发，采取利率优惠和首付担保相结合的方式，保证此类群体住得起房。

表 3–2–1　美国住房保障政策体系构成

覆盖人群	相关政策	政策内容	实施情况
低收入家庭	建设并出租公共住房	中央政府出资，地方政府建造，以低于市场水平的租金租给低收入家庭	到 1982 年终止，共建公房 130 万套
		政府提供低息贷款和免税优惠，资助开发商建造，供低收入家庭租用。但要求所提供的廉价住房不得少于总开发面积的 20%，同时租期不得少于 15 年	自 1964 年到 1980 年，共资助开发商建造此类出租房 160 万套
	租金补贴	政府向低收入家庭发放房租补助券。受益的家庭，将自己家庭收入不超过 30% 的部分交作房租，余下的与市场租金的差额由政府发券补足	
中低收入家庭	提供低息贷款	美国设立了 12 家“联邦家庭贷款银行”，通过财政部发行专门债券，从资金市场上低价筹集资金，作为低息住房贷款的来源，由其成员银行向购房者发放低息住房贷款	每年从联邦家庭贷款银行获得数十亿美元的低息资金
	对首付提供担保	凡购买中低价位的、自住用房的家庭，都可申请这项保险，从而大大降低购房首付，最低为房款的 3%	
	首付款补贴（美国梦首付计划）	2003 年，美国开始实施“美国首付计划”，对购房首付款给予直接补贴	为 4 万中低收入家庭提供了 2 亿美元的首付补贴
所有家庭	购房贷款利息抵扣个人所得税		

第二，较为完善的住房金融保障体系，以满足不同层次群体住房的消费。

美国经过几十年来的住房保障运作，已经形成了较为完善的政策性和商业性住房体系，发育成熟的住房金融市场，能够满足不同层次住房消费的需要。各类金融机构积极地参与住房建设，私人金融机构和政府金融机构都经营房地产贷款，特别是个人住房抵押贷款，大多数人购房往往通过向金融机构抵押贷款来支付房款。

美国政府并未直接提供保障住房，而是通过购买服务的方式让私人企业来建造。同时，成立住房和城市发展部，由其提供廉租房租金补贴、购房担保和发行债券。美国对住房保障的金融政策力度很大，一方面，政府利用信贷杠杆，鼓励个人或开发商参与开发建设适合中低收入家庭的经济住房，如提供低息贷款和“税收信贷”。另一方面，通过住房抵押贷款一级市场和二级市场为住房需求者提供信贷。

第三，对住房保障对象进行动态监管，严格保障性住房的准入和退出门槛。

美国政府十分重视对购买保障性住房者实际收入水平的考核和审查，美国政府建立了严格的收入划分标准和资格审查制度。规定了不同标准所能享受的住房保障待遇，并严格执行住房保障对象的进入以及退出标准，同时整理并健全保障对象的个人档案，推行严厉的动态监管。

一是依照法律签署保障性住房的租赁协约，等协约期限届满后如果保障对象需要续签的则要重新经过主管机关的审核，如果保障对象仍然符合规定的要求才可以继续准予续签协议。

二是美国政府非常重视对保障性住房申请对象准入以及退出的审查，如果住房保障对象的收入总和超过当年最低收入标准的时候，那么保障性房屋主管机构将会让其按照规定的时间退出保障性住房，或者对住户停止发放住房租金补贴。

三是美国政府及时将保障性住房以及对其管理情况向公众进行公示，积极主动接受社会舆论的监督。一旦以后保障对象的收入情况发生了改变，保障的标准会随之进行变化，相应地保障手段也会随之进行调整。美国这种既简单经济又区分各保障层次的住房保障措施，不但可以大大减少政府住房保障的压力和成本，同时也可以有效把握不同层次的保障水平，及其保障手段的适用对象和范围的动态变化，有效规避了保障对象因为家庭收入改变以后依然过度享受福利待遇的现象发生，可以促使更多的低收入居民享受政府保障待遇。

四是完善的国民身份管理系统和成熟的个人信用体系提高了保障房项目的“瞄准效率”。

美国各级政府收入来源的主体是各种各样的税收项目，税收管理是美国联邦和州政府最重要的工作。为了完成收税和退税任务，美国国内收入署需要建立一个包含纳税人信息以及家庭成员信息的系统；美国联邦政府有住房类等 80 多个社会救助项目，在实施这些救助项目时，政府需要核查申请者的收入和资产水平，防止申请者的机会主义行为，提高社会福利项目的“瞄准”效率。在这种背景下，引发了政府对国民身份信息的需求。

在美国，每个公民一出生便有一个社会保障号（Social Security Number，SSN），它将伴随公民的一生，如表 3-2-2 所示。人们申请工作、租房、交税等都要出具和登记这个号码。每个人都有一个账户，户主的每一笔收入、纳税、借贷、还款都记录在案。社会保障号码对每个人的生产生活都产生巨大影响。1987 年“住房和社区发展法”规定，在申请所有住房和社区发展项目时，提供 SSN 是必要条件。政府通过 SSN 来征收个人所得税，审查社会救助项目申请者的收入和资产，提高救助项目的瞄准效率。以得克萨斯州为例，说明 SSN 如何渗透到地方政府政治经济生活的每一个角落。

表 3-2-2 SSN 在美国部分领域的渗透

基本用途	授权使用	法律、法规条文
教育	德州大学在向“德州高等教育协调理事会”提交数据时需附录师生的 SSN	德州教育法典
合同类	从州政府机构获得资金或贷款时：个人、独立经营者需要提供姓名和 SSN。若申请者为公司，则公司股份达到 25% 者需提供姓名和 SSN	得克萨斯州家庭法典
雇佣	授权高等教育机构在评估敏感工作岗位申请者时，索取申请者之犯罪记录。为身份确认目的，州公共安全局可以要求大学提交这类申请者之 SSN	德州政府法典

续表

基本用途	授权使用	法律、法规条文
雇佣	要求雇主向州提供新雇人员名录，提交包括雇员 W-4 以及 SSN 等	德州家庭法典
卫生服务	授权州政府向贫困人口提供医疗救助，要求保险公司建立投保者姓名、地址和 SSN 档案	德州人类资源法典
退休项目	授权公共部门退休体系索取参与者的 SSN	德州政府法典
失业补助	要求在雇员记录上，向德州劳工委员会提交报告时需包括雇员的姓名和 SSN	德州劳工法典
就业补助	职工申请补偿时，填写各类报告都需要提供 SSN	德州劳工法典

个人信用档案登记是开展个人信用业务活动的基础。社会保障号为建立起完备、严密、透明的个人信用记录打下了基础。如果个人信用记录缺失或信用不佳，会在社会经济活动中寸步难行。因此，在保障性住房等社会救助项目的申请或使用中，如果存在失信行为，将计入个人不良信用记录，并将对其他各个领域活动的开展产生严重影响。

二、新加坡住房保障的实践经验

（一）新加坡的住房体系

作为一个市场经济国家，新加坡的住房建设与分配采取政府主导与市场化相结合的方式，如图 3-2-3 所示。20 世纪 60 年代中期以前，新加坡房屋供给短缺问题十分严重，当时市区仅有 9% 的居民能住上像样的公共住房。新加坡人口普查数据显示，到 2010 年，全国有 82.4% 的居民居住在公共组屋内，公共住房的建设有效缓解了供给短缺问题。2020 年，新加坡总人口为 568.56 万人，比 2010 年增加了约 60 万人，住在公共组屋的居民占比为 78.7%。

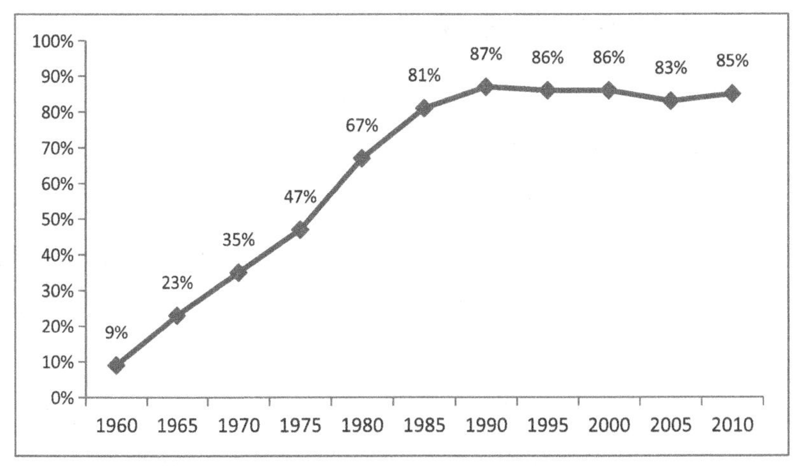

图 3-2-3　1960—2010 年新加坡住在公屋里的居民比例

当前新加坡住房体系主要包括公共住房部门和私人住房部门，如图 3-2-4 所示。公共住房出售部门占大多数，容纳了约 80% 的居民，包括：公共住房新房出售部门、公共住房转售市场和执行共管公寓市场。私人住房部门是自由的房地产市场，其规模相对较小。私人住房部门在 1985 年仅占所有住房比例的 13.2%，而 2006 年比例达到最高时也只有 20.98%。私人住房部门中，私人住房出售市场主要针对高收入群体和国外消费者。

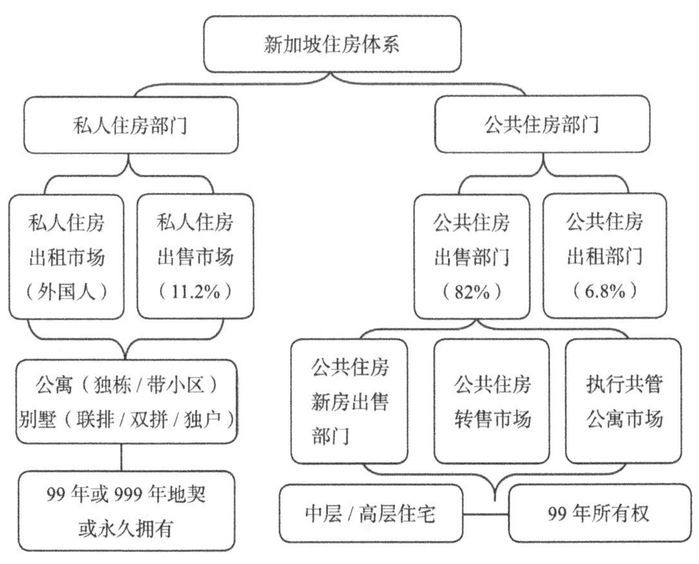

图 3-2-4　新加坡住房体系

（二）新加坡住房保障的实践经验

第一，严格的准入退出机制保障公共住房提供给最需要的人。

新加坡住房制度的核心就是组屋制度，“组屋”由政府投资兴建，由政府统一定价，以低价出售或出租给中低收入家庭使用。据新加坡统计局统计数据显示，经过 50 多年发展，新加坡共建造了 100 万套组屋，约 80% 比例的人口都住在由政府建造的“组屋”中，而其中 95% 的比例是拥有自己的“组屋”。新加坡组屋制度的独特性主要体现在严格的准入及退出机制。

组屋的申请标准是在“居者有其屋”计划的基本框架下建立的，组屋的申请资格由公民权、年龄、私有财产、收入水平及家庭构成五个因素决定。其中，收入水平要素随社会经济发展、个人条件改变呈现动态变化趋势。在实际运作中，建屋发展局根据居民住房短缺的程度，以及收入变化的情况来动态确定收入上限，因此，必须有严格的退出机制配合补充来确保组屋提供给最需要的人。

新加坡建屋局对于申请组屋的资格有明确规定，如表 3-2-3 所示，必须符合以下条件才可以申请：①申请人必须是新加坡公民；②申请人绝无私有住宅；③申请人收入符合要求，申请人以小家庭为单位进行申请的，家庭月收入总和在 8000 新元以内。如果申请人是以大家庭为单位，家庭月收入总和在 12000 新元以内。④确保申请人没有自有财产。政府对入住组屋的中低收入家庭进行大量补贴，当组屋使用者的条件得到改善，不符合当前所享有的条件，必须立刻腾出所居住的组屋，否则造成违法，情节严重者将变到法律的严格制裁。

表 3-2-3　购买组屋的条件

	新组屋	新 EC 住房	新 Studio 公寓
公民	申请人：新加坡公民 家庭核心成员：至少有另一位公民或永久居民		申请人：新加坡公民 联合申请人：有亲属关系的必须为公民；无亲属关系的必须为公民或永久居民
年龄	21 岁	21 岁（单身联合申请人为 35 岁）	55 岁（如有联合申请人，亲属为 21 岁，非亲属 35 岁）

续表

	新组屋	新 EC 住房	新 Studio 公寓
家庭核心成员	以下任何组合适用： ·申请人 + 配偶 + 孩子（如有） ·申请人 + 父母 + 兄弟姐妹（如有） ·丧偶 / 离婚的申请人 + 法定监护的孩子 ·申请人 + 未婚夫 / 妻 ·孤儿申请人 + 未婚兄弟姐妹	以下任何组合适用： ·申请人 + 配偶 + 孩子（如有） ·申请人 + 未婚夫 / 妻 ·孤儿申请人 + 未婚兄弟姐妹 ·孤儿申请人 + 非亲属关系的单身孤儿 ·单身申请人 + 另外一个单身	以下情况都可以： ·申请人 + 配偶 ·未婚、离婚或丧偶的申请人
家庭每月收入上限	2 房，不超过 2000 新元 3 房，不超过 5000 新元 4 房或更大，不超过 10000 新元	不超过 12000 新元，含各种津贴	不超过 8000 新元

组屋退出机制主要包括两种形式：组屋的转让和组屋的转售。转让组屋：申请人由于自身原因或者客观条件改变，必须调整组屋的情况，包括两种方式：一是预调整的组屋面积比以前小，保持曾经在申请名单中的位置；二是预调整的组屋面积比以前大，申请人必须重新递交申请，再次排号。转售组屋：如果组屋的享用者基于某种原因，想要转售组屋，必须以组屋最初买进的价格加上后增加的装修成本总和出售给建屋发展局。转售时，须把原购买组屋时动用的公积金和利息如数存入中央公积金局，同时还应向政府交纳一定的附加费。随着经济的发展和社会的进步，退出机制也有相应的调整，但是，严格的退出机制有效防止了想从组屋转售中投机倒把、谋取不正当利益事件的发生。

此外，除了严格的准入和退出机制还有严厉的惩罚措施。在组屋申请、退出、转让等环节中如果发现虚报情况，将处以高达 5000 新元的罚款或 6 个月的监禁，严重的将面临罚款和监禁双重处罚。

第二，完备的中央公积金制度为解决住房问题提供了经济支撑。

住房制度的正常运行，需要强大的资金支持，而完备的中央公积金制度是住房制度实行的强有力保障，中央公积金为组屋建设提供了大量的住房资金，是解决住房问题强有力的经济后盾。

中央公积金制度的建立，不是依靠政府的财政拨款，而是一项强制储蓄制度，由雇主和雇员共同交纳。其基本做法是政府凭借国家信用和权威，通过国家法令和行政法规等强制手段，将雇员的工资提取一定比例存入指定机构，并强制雇主也按照雇员工资的同一或一定比例进行交纳，专项用于医疗、养老保险、住房等支出。

中央公积金有三种用途，每个参加者有特殊账户——用于养老和意外事故，投资与退休有关的金融产品；医疗保健账户——该项储蓄可用于住院治疗的各项费用以及购买规定的医疗保险；普通账户——该笔储蓄可用于购房，支付公积金保险、投资和教育。三个账户按一定比例分配，随着年龄的增长，普通账户缴交率逐渐下降，保健账户缴交率逐渐提高，如表 3-2-4 所示。

表 3-2-4　2001 年起公积金账户各个户头分配比例 ①

年龄段	普通账户（%）	特殊账户（%）	医疗保健账户（%）	总额（%）
35 岁及以下	26	4	6	36
35—45 岁	23	6	7	36
45—55 岁	22	6	8	36
55—60 岁	10.5	—	8	18.5
60—65 岁	2.5	—	8.5	11
65 岁以上	—	—	8.5	8.5

中央公积金是一种储蓄，可以获得利息收入。公积金存款利率由当地主要银行 12 个月定期存款利率的 80% 和活期储蓄利率的 20% 进行加权求和得出，且每 3 个月修正一次。

通过实施中央公积金制度，对公共住房的开发和住房消费提供信贷支持。在住房建设融资方面，通过间接向建屋发展局提供资金，向住宅建筑承包商提供贷

① 2004 年起公积金缴交的总比率为 33%，35 岁及以下，普通账户、特殊账户和医疗账户分别为 22%、5% 和 6%。35—45 岁，分别为 20%、6% 和 7%，45—55 岁分别为 18%、7% 和 8%，其余不变。公积金各个账户的份额随着总缴交率的变化而变化，总的来说 55 岁以后缴交率开始下降，而且随着年龄的增长，普通账户的比率逐渐下降，医疗保健账户的比例逐渐上升。

款等融资手段促进公共住房的开发。在促进住房消费方面，允许公积金会员支取公积金存款支付购房首付款和偿还购房贷款本息，如图 3–2–5 所示。

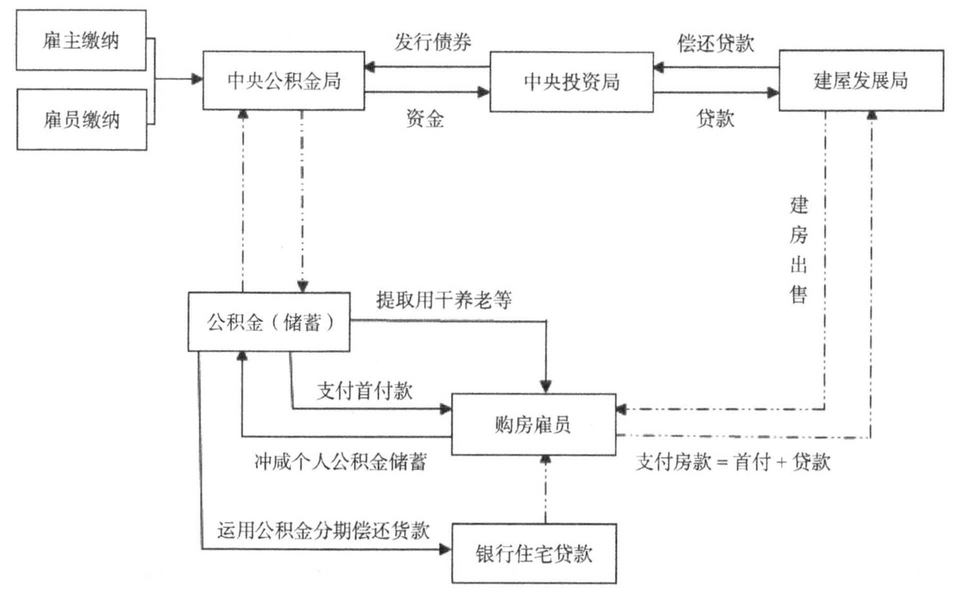

公积金制度自从实施以来，推出了一系列措施推动国家住房事业的发展。为了帮助低收入家庭拥有住房，政府在 2006 年 3 月引入了额外公积金购屋津贴计划。在这一计划下，低收入者购买公屋时将提供 5000 新元到 20000 新元不等的额外购物津贴。为了帮助更多的人拥有住房，政府于 2007 年 8 月和 2009 年 2 月两次提高额外公积金购房津贴，申请条件也放宽最高津贴额提高到 4 万新元，申请者的平均月收入顶限也提高到 5000 新元。2013 年 1 月推出亲子关系优先计划（PPS）。根据 PPS，按订单建造（BTO）和出售平衡公寓（SBF）活动中的一定比例的公寓，专为至少有 1 名 16 岁以下新加坡公民孩子的首次置业家庭预留，或预留给新加坡公民孩子。

第三，高效的土地制度保障新加坡住房制度的顺利实施。

新加坡大部分土地归国家所有，私人占有土地仅 28% 左右，新加坡土地的开发利用基本都是由政府控制，这为组屋的建造提供了土地资源。1967 年，新加坡颁布的《土地征用法》明确提出，政府有权征用私人土地用于国家建设，建造公共组屋可在任何地方征用土地，保障了新加坡住房制度的顺利实施。在解决了大部分家庭住房问题后，1995 年，新加坡修改了土地征用的补偿标准。按市场价格补偿被征用土地。

为了避免权力寻租事件的发生，新加坡政府将土地拥有权和土地分发权合理分配到土地管理局以及国家发展部，前者决定土地的分发、售卖，后者只负责制定土地的使用方案。这样能形成一种权力制约而起到避免权力寻租的良好效果，有效避免腐败案件的发生。

第四，高效的住房管理机构和强有力的经费保障，如图 3-2-6 所示。

新加坡政府成立了建屋发展局负责公共住房开发、分配和管理。建屋发展局是国家发展部下属的法定机构。在发展公共住宅方面，建屋发展局是起主导作用的组织者。新加坡政府赋予其广泛的合法权力，它负责制定组屋发展规划及房屋管理，对住房市场进行干预，进行公共住房的开发、供应和分配，以此调整住房供应结构，并通过供应大量的公共住房满足中低收入居民的住房需求。同时又作为最大的房地产经营管理者，负责组屋建设、房屋出售和出租，具有较大的灵活性。

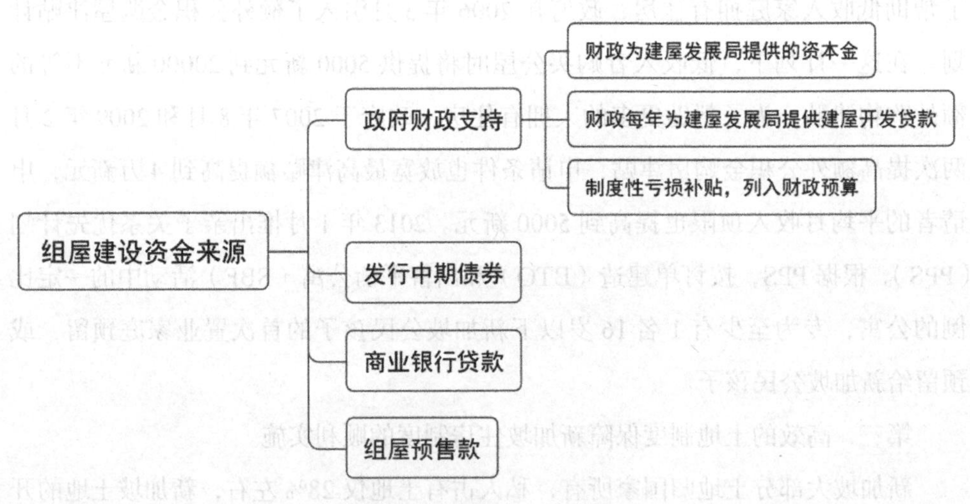

图 3-2-6　建屋资金来源渠道

第五，住房保障法规为住房保障制度提供了法律依据，如表 3–2–5 所示。

新加坡的住房立法体系是解决住房问题的重要制度保障。在不同的发展阶段，新加坡政府根据实际情况，通过各项立法明确住房制度建设中各个角色行为人的权利和义务，更重要的是对法律严格执行和贯彻，才使得住房制度得以良好运行。

新加坡政府颁布了一系列保障法律法规，如《中央公积金法》《住宅发展法》《土地征用法》等，通过以上法律法规的颁布和实施，保证了住房发展机构在实施公共住房政策的过程中，能够确保资金的筹集、土地的获得、房屋的分配和流转等方面在法律规定的框架内运作。

表 3–2–5　新加坡颁布的主要住房保障法规

颁布时间	名称	主要内容
1955 年	《中央公积金法》	实行强制性储蓄计划，初期是为了养老保险需要，后期成为公共住房建设投资和住房消费信贷的主要资金来源
1960 年	《住宅发展法》	根据第 271 章规定，成立建屋发展局作为公屋开发、运营、分配管理机构
1967 年	《土地征用法》	授予 HDB 等下属部门强制征地的权力，以保证城市更新、公共组屋、土地开发等相关计划能够以远低于私人开发商购地价格获取土地，一般约为土地市场价格的 70%
1968 年	《中央公积金修正法案》	拓展公积金的应用范围，规定公积金除用于医疗、养老费用外，可作为公共住房建设投资和住房消费信贷的主要资金来源
1973 年	修订《土地征用法》	规范土地征用的补偿标准，并制定了土地征用标准细则
1981 年	《中央公积金修正法案》	在全国实行强制性住房保险计划，以保证公屋拥有者在丧失偿还抵押贷款能力的情况下，由中央公积金负责清偿尚欠的余额，具体操作方式为对公积金储蓄做一次性折减

第三节 发达国家个人信用体系建设和住房保障的经验借鉴

美国、德国、新加坡等发达国家住房保障对象失信行为较少，与这些国家和地区成熟的个人信用体系、发达的信用市场、完备的住房法律法规体系、严厉的惩罚机制及良好的激励机制等因素有关。这些国家和地区没有专门针对住房保障对象的评价体系，但是其在个人信用体系建设和住房保障制度建设方面的经验，我们可以作为间接经验和直接经验加以借鉴。

一、个人信用体系建设对我国住房保障对象诚信评价的启示

基于美国和德国个人信用体系建设的特点，结合我国社会信用体系建设现状，以及在保障性住房领域的实践，在建立我国住房保障对象诚信评价机制时，有以下经验可供借鉴：

第一，全面的个人信用信息系统，能提高项目的瞄准效率，降低政府的管理成本和项目运行成本。

美国和德国的社会保障制度，使保障对象在申请社会救助时，能更好地进行“收入检验”和“资产检验”，大大降低了政府的管理成本，提高政府救助项目的瞄准效率。更为重要的是覆盖全国的信息系统将大大提高政府效率，降低项目运行成本。全国性的个人信用信息系统具有巨大的规模经济，和每省一个系统相比，覆盖全国的系统能大规模降低成本，不仅如此，还能解决申请者住址和资产分离引发的问题，如果各个系统自行运转，即使进行收入和资产检验，申请者也可以将收入流和资产转移到别的省份，轻而易举通过检验。

在保障性住房领域，住房保障对象诚信信息由谁收集？采取什么评价方法？由谁评价？评价后信用产品如何使用？这些问题是诚信评价机制取得成功必须解决的问题，结合我国国情，发展各类专业信用服务中介，为住房保障对象诚信评价机制提供支撑。

第二，完备的信用法律体系是个人信用体系运行的基础和必然要求。

个人征信制度的建立，需要制定相应的法律法规来保护各方的利益，从美、

德的实践看，两国都有一系列的信用法律法规保障个人信用体系的健康发展。这些法律法规对征信机构、信息提供者、征信报告用户、信用信息管理和数据安全、征信体系监管等方面进行了规范。

我国各地方虽然相继颁布了一些行业信用和地方信用建设的规章制度，国家层面也出台了《征信业管理条例》，但是还缺乏配套的法律法规，全面规范信用信息的公开和使用、信息主体的权益保护、行业监管等。

在住房保障对象诚信评价机制建设中，也涉及住房保障对象信用信息的征集、评价及评价结果的使用，个人社会信用法律制度的完善，这些是住房保障对象评价机制各模块建设的基础和保障。

第三，有效监管是个人信用体系运行的保障。

从美、德的经验看，两国都有专门机构对个人信用管理体系进行监管，如美国的联邦贸易委员会是主要监管机构，此外，相关部门和行业协会在监管中也都发挥了重要作用。德国则根据其征信机构的性质进行分类监管。

我国信用行业发展的历史较短，由于相关的法律法规缺乏，因此，在加快立法进程的同时，还需要政府对该行业进行相应的管理和监督。人民银行作为征信管理部门，应在市场、业务及人员准入、相关业务规范制定、信息主体权益保护等方面履行管理职能。而对参与全国信用信息数据库的各级数据库，可以考虑由各职能部门具体开展本行业的监管工作。

二、住房保障对我国住房保障对象诚信评价的启示

通过对美国、新加坡住房保障制度的分析可知，这些国家或地区为预防或解决保障对象失信问题，从立法、政策、金融、信用体系等方面加以干预。

第一，通过立法，严格准入和退出门槛，减少了保障对象的失信行为。

美国、新加坡和中国香港在构建保障性住房法律制度中，都制定了严格的保障性住房准入和退出标准，如美国对保障对象进行动态监管，如果住房保障对象的收入总和超过当地最低收入标准的时候，那么保障性房屋主管机构将会让其按照规定的时间退出保障性住房，或者对住户停止发放住房租金补贴。

第二，通过提供住房资金等多种方式使中低收入家庭买得起房，间接减少了不诚信行为的发生。

目前，美国、新加坡和中国香港等地通过减免税收、利率优惠等政策，鼓励通过个人储蓄或抵押贷款购建住房。如美国对中低收入者买房提供利率优惠、首付担保和首付补贴。新加坡允许公积金会员动用公积金存款付首付和每月要还的房贷。香港以政策杠杆鼓励有能力的中低收入家庭自置居屋。

第三，完善的收入监管和信用评级制度提高了失信成本。

保障性住房制度的顺利实施必须建立在完善的个人收入监管体系和信用评级制度基础之上，否则无法准确定位其真正的需要群体，就会降低政策效率。

保障性住房领域，住房保障对象之所以会出现不诚信行为，与失信后惩戒力度较小有关，因不诚信行为获取的利益远大于其付出的成本。借鉴国外个人信用体系建设经验，在保障性住房领域，一旦保障对象出现不诚信行为，尤其是严重失信行为，应加大失信惩罚力度。如在美国，每个居民都有一个 SSN 号，通过 SSN 号，政府能提高社会福利项目的“瞄准”效率。在香港，由于其具有发达的信用体系和个人信用评估系统，公屋申请者会清楚地意识到选择欺骗行为的后果，从而减少骗取保障性住房的行为。

第四章　我国社会信用体系建设及住房保障领域实践概况

第一节　社会信用体系建设概况

我国信用制度从20世纪70年代末期开始萌芽，经过四十多年的发展，我国社会信用体系建设由点及面逐步推进，取得了一定的成果。党中央、国务院高度重视社会信用体系建设工作，党的十六大、十六届三中全会明确了社会信用体系建设的方向和目标，党的十七大和十七届六中全会对健全社会信用体系提出了明确的要求，党的十八届三中全会提出“建立健全社会征信体系，褒扬诚信，惩戒失信”，党的十九大提出推进诚信建设。有关地方和部门单位也积极探索，社会信用体系建设取得了一定成效。

一、社会信用体系建设历程

第一阶段（1978—1994）：信用制度萌芽阶段。这一时期，计划经济体制向市场经济体制转变，政企逐步分开，政府信用也逐渐开始退出，银行信用和商业信用开始出现，尤其是银行信用得到了前所未有的发展，并成为企业特别是国有企业的主要资金来源，银行不良信贷资产问题和企业之间“三角债”问题也大量发生。20世纪80年代末，国务院下发了《关于在全国范围内开展清理“三角债”的工作通知》，在全社会首次提出“社会信用”概念。20世纪90年代初期，在我国多数省份以及大中城市，以银行作为发起人的资信评估公司纷纷成立，主要从事债券、企业股票和借款企业的资信评估工作。这个阶段，从事征信服务企业规模都比较小，业务种类模糊，更多的是由一些咨询策划公司兼做信用信息业务。

第二阶段（1995—1999）：信用制度起步阶段。这期间，我国经济体制改革不断深化，中国经济经历了软着陆，银行信用和商业信用规模不断扩大，产生了对企业信用信息的大量市场需求。这一阶段，我国涌现出中国诚信、大公、远东等一批与企业发债和资本市场发展相适应的信用评估机构。从此，信用观念开始逐步被企业和投资者接受。另外，专业担保、信用调查、讨债追债等信用中介机构也开始出现，如华夏信用管理公司、中国经济技术投资担保公司、新华信公司、华安公司等。有关政府部门也针对国家重点大型企业、中小企业等不同对象进行了企业信用和业绩评价的积极探索。

第三阶段（2000 年至今）：社会信用体系建设稳步推进阶段。2002 年 2 月召开的中央金融工作会议明确提出："必须大力加强社会信用制度建设"；党的十六大报告提出"整顿和规范市场经济秩序，健全现代市场经济的社会信用体系"；党的十六届三中全会通过《关于建立和完善社会主义市场经济体制若干问题的决定》，进一步明确提出"要增强全社会的信用意识，形成以道德为支撑，产权为基础，法律为保障的社会信用制度"，指明了今后中国社会信用体系建设的方向。党的十八届三中全会提出"建立健全社会征信体系，褒扬诚信，惩戒失信"，2014 年，国务院印发《社会信用体系建设规划纲要（2014—2020 年）》，社会信用体系建设进入快车道。

在这一背景下，社会信用体系建设从两方面稳步推进，如表 4–1–1 所示。一是以信用担保为代表的信用中介机构快速发展。在江苏镇江、山东、深圳、重庆、山西、河南等省市，出现一大批面向中小企业服务的信用担保机构，同时民间资本也开始涉足信用担保行业；二是以政府部门为主体的信用信息披露系统和社会中介为主体的信用联合征集体系的起步和推进。在民间，中国诚信、华安、华夏、大公、远东、联合、新华信，以及中国联合信用网、中国企业信用网、中国信用信息网等社会信用中介机构也积极开拓业务领域；邓白氏、惠誉、科法斯等国外信用机构也积极发展中国市场。

表 4–1–1　我国社会信用体系建设历程

时间	重要决策和举措	主要内容
2002.11	十六大报告《全面建设小康社会，开创中国特色社会主义事业新局面》	提出社会信用体系概念
2003.10	十六届三中全会《关于完善社会主义市场经济体制若干问题的决定》	提出建立健全社会信用体系
2005.10	《中共中央关于制定国民经济和社会发展第十一个五年规划的建议》	以完善信贷、纳税、合同履约、产品质量的信用记录为重点，加快建设社会信用体系，健全失信惩戒制度
2007.03	国务院办公厅发布《关于社会信用体系建设的若干意见》	加快推进我国社会信用体系建设。同年 4 月国务院社会信用体系建设部际联席会议制度建立
2010.06	国务院预防腐败工作联席会议第四次会议	确定由中国人民银行牵头，国家预防腐败局配合，会同有关业务主管部门共同研究落实建立社会信用代码制度
2011.10	十七届六中全会	第一次提出了社会信用体系“四大领域”的表述，强调把诚信建设摆在突出位置
2012.12	《征信业管理条例》	调整社会信用体系建设部际联席会议成员单位和主要职责，明确发展改革委、人民银行“双牵头”，成员单位从 18 家增加到 35 家
2013.03	《国务院机构改革和职能转变方案》	建立以居民身份证号码和组织机构代码为基础的统一社会信用代码制度
2013.06	《关于在行政管理事项中使用信用记录和信用报告的若干意见的通知》	完善信用主体信用记录，发挥在行政管理事项中使用信用记录和信用报告的作用，健全社会守信激励和失信惩戒的联动机制
2013.07	《关于公布失信被执行人名单信息的若干规定》	正式建立失信被执行人名单制度
2014.06	《社会信用体系建设规划纲要（2014—2020年）》	同年底配套出台了《社会信用体系建设三年重点工作任务（2014—2016）》。

续表

时间	重要决策和举措	主要内容
2014.10	党的十八届四中全会《中共中央关于全面推进依法治国若干重大问题的决定》	加强社会诚信建设，健全公民和组织守法信用记录，完善守法诚信褒奖机制和违法失信行为惩戒机制，使遵法守法成为全体人民的共同追求和自觉行动
2015.06	《国务院关于批转发展改革委等部门法人和其他组织统一社会信用代码制度建设总体方案的通知》	正式明确了法人和其他组织统一社会信用代码的顶层制度设计
2015.07	《国务院办公厅关于运用大数据加强对市场主体服务和监督的若干意见》	提高信息服务水平，建立健全守信激励机制，建立健全信用承诺制度，加快建立统一的信用信息共享交换平台，建立健全失信联合惩戒机制。
2015.10	《中共中央关于制定国民经济和社会发展第十三个五年规划的建议》	建立国家人口基础信息库、统一社会信用代码制度和相关实名登记制度，完善社会信用体系
2016.05	国务院发布《关于建立完善守信联合激励和失信联合惩戒制度加快推进社会诚信建设的指导意见》	健全褒扬和激励诚信行为机制，健全约束和惩戒失信行为机制，构建守信联合激励和失信联合惩戒协同机制，加强法规制度和诚信文化建设
2016.07	全国社会信用标准化技术委员会（代号为TC470）正式成立	为社会信用体系建设提供了技术支撑，我国社会信用体系建设逐步规范化和制度化
2017.10	《国家发展改革委、人民银行关于加强和规范守信联合激励和失信联合惩戒对象名单管理工作的指导意见》	建立健全红黑名单管理与应用制度，规范各领域红黑名单的认定、奖惩、修复和退出，构建守信联合激励和失信联合惩戒大格局
2018.02	党的十九届三中全会《中共中央关于深化党和国家机构改革的决定》	加强信用体系建设，健全信用监管，加大信息公开力度，加快市场主体信用信息平台建设，发挥同行业和社会监督作用

续表

时间	重要决策和举措	主要内容
2019.07	国务院办公厅关于加快推进社会信用体系建设构建以信用为基础的新型监管机制的指导意见	创新事前环节信用监管，加强事中环节信用监管，完善事后环节信用监管
2020.10	《中华人民共和国国民经济和社会发展第十四个五年规划和 2035 年远景目标纲要》	健全融资征信支持体系，坚守学术诚信，健全市场体系基础制度，坚持平等准入、公正监管、开放有序、诚信守法等
2021.12	关于印发《全国公共信用信息基础目录（2021 年版）》和《全国失信惩戒措施基础清单（2021 年版）》的通知	进一步明确公共信用信息归集范围和规范失信惩戒措施提供了详细的法律和政策依据
2022.03	《关于推进社会信用体系建设高质量发展促进形成新发展格局的意见》	以健全的信用机制畅通国内大循环，以良好的信用环境支撑国内国际双循环相互促进，以坚实的信用基础促进金融服务实体经济，以有效的信用监管和信用服务提升全社会诚信水平

资料来源：根据国家发改委、国务院等网站资料整理。

二、地方社会信用体系建设的实践

随着经济的快速发展，我国社会信用体系建设进程日益加快，国家层面提出了社会信用体系建设方向，地方层面积极探索，形成了一些典型经验和做法。住房保障对象的诚信属于个人信用，因此侧重从个人信用角度进行分析。

（一）上海模式：以个人征信为起点、市场化运营为基本特征

上海于 1998 年在全国率先开展个人征信试点，成立了上海资信公司，开展个人征信业务，如图 4–1–1 所示。2017 年 6 月，上海市第十四届人民代表大会常务委员会第三十八次会议通过了《上海市社会信用条例》，并于当年 10 月 1 日正式实施。条例发布实施以后，各部门陆续出台配套制度。目前，上海市在失信被执行人、税务、商务、社会保险、养老服务、司法行政、食品药品安全以及政务

诚信等重点行业和领域，出台各类配套制度超过 50 个，信用制度体系逐步完善。

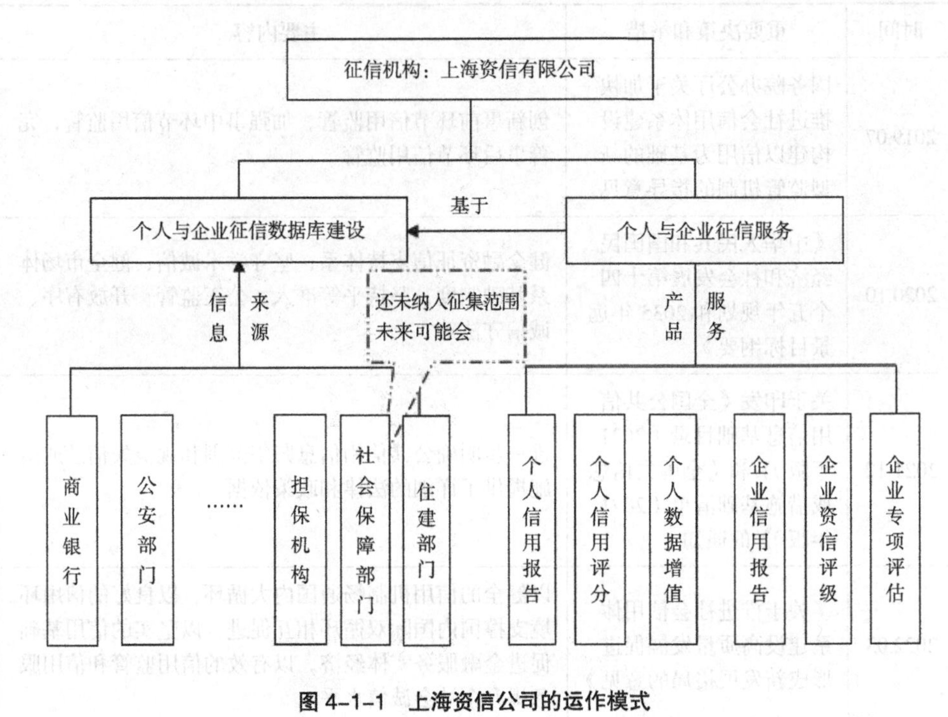

图 4-1-1　上海资信公司的运作模式

从征信服务系统开通运行到 2009 年，上海资信有限公司所承建的上海市个人信用联合征信系统就已拥有超过 1100 万人的信用信息，到 2019 年，实现法人和自然人全覆盖，可对外提供查询数据约 3.5 亿条。① 企业征信系统已采集了上海 147 万家企业的信用信息，包括企业注册信息、年检等级、产品达标信息、税务等级信息、国有资产绩效考评信息、进出口报关记录、信贷融资记录和行业统计分析信息等。

机构建设。上海资信公司是经人民银行总行核准的专门从事上海个人信用联合征信试点业务的非银行性质金融信息服务机构，它由上海市信息投资股份有限公司、上海市信息中心、中国人民银行征信中心、上海隶平实业有限公司 4 家单位联合投资组成。该公司作为第三方中介机构，按企业机制运营，按理事会模式

① 厦门国信信用大数据创新研究院．信用蓝皮书（2019）[M]. 北京：中国市场出版社，2019.

管理。公司既从事征信数据库的建设，又提供个人和企业征信服务。此外，上海还建立了由5家商业银行、中国人民银行上海分行和上海资信有限公司等单位组成的具有行业协会性质的上海市个人信用信息数据中心理事会，后来，司法、税务、工商、社保等部门陆续加入该理事会。

运作模式。政府主导，市场化运作。人民银行授予上海资信有限公司相应的业务资质，上海市政府动用行政权力为公司融通资金。信用产品的需要也主要由政府政策创造，如个人办理信用卡必须出具信用报告；在运营上，企业、个人信用基础数据库建设和征信服务，均采取公司经营、商业运作、专业服务的方式，政府不直接投资建设，不介入征信服务。

信用平台。公共信用平台是信用体系建设的重要基础设施。上海市信用平台已实现与国家公共信用信息平台、16个区公共信用信息子平台，以及7个重点行业子平台的互联互通。信用信息查询服务方面，打造上海市公共信用信息服务平台、“信用上海”网站、App和微信公众号“四位一体”的全方位服务支持体系。信用平台载体支撑方面，与网上政务大厅实现对接，可查询全市企业的法人信用报告及200多万条双公示信用信息，法院、税务、海关等领域的红黑名单信息。建成信用联动奖惩子系统，构建信用联动奖惩发起、响应和反馈机制。

信用信息归集。实现全市法人和自然人全覆盖。可对外提供查询数据约3.5亿条，法人数据约1135万条，自然人数据约3.4亿条。通过数据共享实现与国家信用平台联通，实现“双公示”数据和事项目录集中公示，并同步推送“信用中国网”。实现政府部门全覆盖。截至2019年6月，共计88家单位确认向平台提供公共信用信息事项43256项。其中，提供单位包括37家市级行政机关、16家区政府、9家中央在沪单位、2家人民团体、1家司法机关、9家公用事业单位和14家社会组织。数据类型涵盖登记类、资质类、监管类、判决类、执行类、履约类、管理类和公益类八大类。

信用信息管理。上海市信用平台围绕信息归集、加工、监控、应用、异议处理全生命周期，形成闭环管理机制。信息归集环节，按要求明确数据标准和录入规则，进行规范化的数据交换共享。信息加工环节，按照信息类型、公开属性、失信程度等不同维度进行数据分类和标签化处理，建立识别库，对司法处理、安全生产等6大重点领域、246个细分领域根据应用增加信用标签。信息监控环节，对全量信用数据定制质量监控点，开展数据分析、监测预警和日志审计。信息应用环节，根据用户需求，定制信用数据专题库，提供便捷、多样的信息查询应用方式和渠道。异议处理环节，对信息主体提出的异议申请数据，及时进行内部核查和外部协查，在法定时间内完成异议标注或数据删改。

个人征信产品用途。目前个人征信产品主要用于银行信贷领域，在个人申请贷款和信用卡时需要提供个人信用报告。

制度及信息安全保障。上海市先后制定了《上海市个人信用征信管理试行办法》《上海市公共信用信息归集和使用管理办法》《上海市社会信用管理条例》等办法或条例，办法从信用信息的采集、加工、使用、异议信息处理、监督管理、法律责任等方面进行了规定。上海市各部门相继出台规范性文件如《上海市社会保险失信信息管理办法》，进一步加强了征信、评信和用信管理，形成了以信用为核心的综合监管机制。《上海市社会信用条例》对上海市行政区域内社会信用信息的归集、采集、共享和使用，信用激励与约束，信息主体权益保护，信用服务行业规范与发展等活动也作了明确规定。

跨区域合作。长三角跨区域信用合作进一步深化。编制发布《长三角地区深化推进国家社会信用体系建设区域合作示范区建设行动方案（2018—2020年）》《2022年长三角区域信用合作工作计划》等，明确重点任务和专项行动。会同三省信用、环保、食药监、质监等部门共同签署区域环境保护、食品药品安全和质量安全领域信用联动奖惩合作备忘录[①]，实现失信行为标准互认、信用信息共享互动、惩戒措施路径互通。

效果及局限。截至2014年，上海市就有超过1000万人拥有“信用档案”。2015年，上海地区出具的个人信用报告达到7000万份以上。但是值得注意的是，当前该制度也有需要改进的地方，如信用平台主要以公共信息为主，且正面征信信息较少，与市场信用信息的融合不够，信息来源可以进一步拓宽，征信产品用途可以进一步扩大。

① 厦门国信信用大数据创新研究院．信用蓝皮书[M]．北京：中国市场出版社，2019.

（二）深圳模式：以市场运作和政府建设相结合为基本特征

深圳市信用建设的成效主要体现在社会信用体系的综合建设方面，个人信用征信系统建设完全实行市场化运作，形成了较为规范、发展迅速的个人联合征信服务，企业信用信息系统由政府部门建设并实现了自行运营，全市征信行业具有相当规模，如表 4–1–2 所示。

第一，个人信用征信系统运营良好。

深圳市于 2001 年 3 月开始筹建个人信用征信系统，当时是在深圳市政府和中国人民银行总行的支持下，由深圳鹏元公司进行筹建。一年半以后，系统开始投入试运行，两年半以后，系统正式开放，开始提供个人信用查询服务。目前，深圳市个人信用征信系统已征集到多个政府部门和金融机构的信用信息，系统用户包括银行、保险公司、信用卡中心、汽车金融公司、人才中心等机构及部分政府部门。此系统在政府境外投资行政审批、个人劳动就业支持核查、电信或移动用户开户审核、银行信用卡发放、银行贷款审核、个人购买保险、个人求职应聘、婚姻介绍、投资担保和典当融资等领域得到广泛使用。年提供各类信用报告 2000 多万份，是我国目前比较规范的个人征信系统之一。深圳市个人信用征信系统具有系统先进、市场化运作、政府定位明确的特点。

表 4–1–2　深圳市个人信用征信系统的特点

特　点	解　释
系统先进	个人征信系统立足深圳、面向全国，已征集到十多类信息，包括公安部全国公民户籍信息、教育部全国高等教育学历信息，深圳市的社会保险、企业法人注册、缴费、纳税、信贷等信息，信息覆盖范围和信息商业价值在全国处于领先地位
市场化运作	鹏元公司独立运营，一切以合同的方式进行个人征信和信用服务。形成了 5 大类 15 个品种的信用产品，为 7 类客户提供信用服务
政府定位明确	政府不干预投资、经营、信息征集和信用产品的使用。政府支持体现在两方面：健全个人信用制度，为个人征信立法，深圳市也是全国首个为个人征信立法的城市；信用信息共享，政府免费提供个人信用信息给鹏元公司，同时政府也无偿使用鹏元公司的个人信用信息

第二，企业信用信息系统不断完善，如图 4-1-2 所示。

2003 年底，“深圳信用网”开通运行。该网站集成了全市 170 万多家市场主体的信息，信息内容包括登记、监管、资质认证、表彰与处罚、纳税、信贷、诉讼立结案等，信息供给方是各类行政机关、司法机关、行业协会、中介服务机构。网站的开通运行，标志着部门间初步实现了信息互联互通和资源共享。

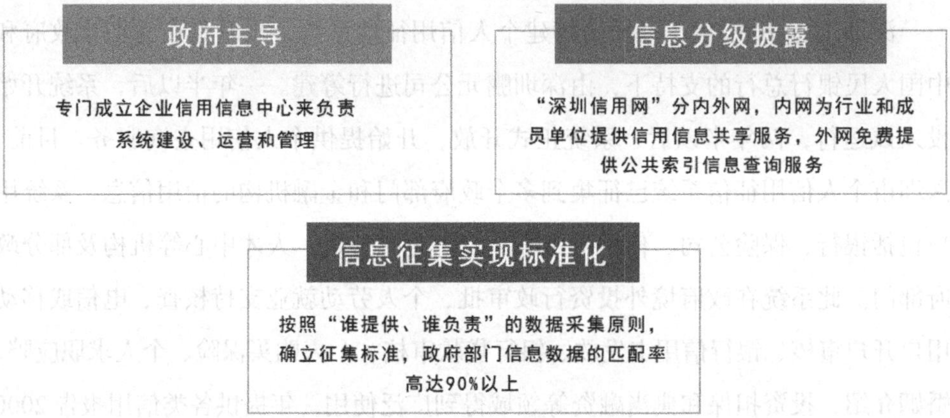

政府主导

专门成立企业信用信息中心来负责系统建设、运营和管理

信息分级披露

“深圳信用网”分内外网，内网为行业和成员单位提供信用信息共享服务，外网免费提供公共索引信息查询服务

信息征集实现标准化

按照“谁提供、谁负责”的数据采集原则，确立征集标准，政府部门信息数据的匹配率高达90%以上

图 4-1-2　企业信用信息系统建设的特点

第三，社会信用服务业发展快速。

深圳市先后发布了《深圳市社会信用体系建设工作方案》《深圳市社会信用体系建设规划（2013—2020）》《深圳市公共信用信息管理办法》《深圳市贯彻落实守信联合激励和失信联合惩戒制度实施方案》《深圳市加强个人诚信体系建设实施方案》，信用信息征集、信用评估、信用市场建设等方面的建设逐渐完善。目前，深圳市信用服务行业有担保企业 200 家，评级评估企业 10 多家，全市现有各类信用中介机构 70 多家，形成了比较完备的社会信用服务机构。2005 年成立的深圳市信用协会，至今已有会员单位 100 多家，主要是中外资银行和企业。

（三）苏州模式：以机制创新强化信用管理

苏州市是首批 12 个社会信用体系建设示范城市之一，目前已建成覆盖全市的综合立体信用体系平台，取得了一定的成效，如图 4-1-3 所示。

第一，建立信用信息共享平台。

苏州市开发建设了“一网、两库、一平台、一大厅”的综合立体信用体系，汇集了不同部门的公共信用信息，实现全市信用信息跨行业、跨层级、跨地区的集聚和融合。

“一网”指“信用苏州”门户网站，在该网站上能实现公共信用信息“一站式”查询。“两库”指覆盖全市企业和个人的信用数据库，截至2017年底，企业信用数据库已归集65家部门、3467万条信息，自然人信用数据库已归集22家部门、2500万条信息，主要信息资源部门实现了互联互通。“一平台”指市级公共信用信息共享平台，该平台支持上下联动、多部门协同运用，平台现已归集信用信息3.533亿条记录，法人、其他组织和自然人归集覆盖率达100%。“一大厅”指公共信用信息服务大厅，大厅现已累计服务企业51036家。

图4-1-3　信用苏州网站界面

第二，创新信用监管机制。

截至2018年10月31日，苏州市累计出台各类信用政策制度200多项，信用信息共享平台归集信息4.6亿条，实现了全市法人、组织和自然人全覆盖。在监管中，苏州创新信用监管机制，实施“双嵌入”，即把信用嵌入监管制度和业务系统，强化信用管理。

部门将信用管理嵌入办事流程和业务系统，提高信用信息在市场准入、行政审批、招标投标、政府采购、行政管理、评优评奖等环节的应用效果。同时，推进政务服务平台与公共信用信息平台的互联互通和信息共享。

在信用管理上，实施分类监管和联合奖惩机制。在联合奖惩方面，在环境保护、金融税务、安全监管、住建、劳动用工等重点领域实行联动惩戒。同时，根据国家陆续出台的多部委联合惩戒备忘录，开发了联合奖惩子系统，实施各类奖惩信息的归集、反馈和监测流程化。

第三，首创市民信用评价产品“桂花分”。

“桂花分”以苏州市民卡为载体，依托苏州市信用信息平台，采集公共服务、公用事业、便民服务网点等信息，把与市民生活联系紧密的购物、出行、体育锻炼、水电缴费等信息，作为建立市民日常生活信用状况的基础数据。

桂花分满分为200分，其中基础分100分，附加分100分，如果市民有守信、志愿服务等行为，就会增加附加分。反之，如果有失信行为，从基础分里扣分。从守信激励入手，让守信者在生活中得到更多的便利和实惠，以此引导人们诚实守信。“桂花分”较高的市民，在乘车、图书借阅、公共自行车借用、文化旅游消费、金融、水电气、医疗等领域会得到更多实惠。如可以免押金借阅图书，借阅期限由1个月延长至2个月，一次性借书量由6本提升至12本。获得具有贷款利率折扣的小额信用消费贷；享有运营商、电力、水务、燃气等公司的先消费后缴费服务，欠费也不停机、断电、断水、断气；享有绿色挂号和缴费通道及特需服务。

此外，苏州和南京、杭州、武汉、郑州等组成城市联盟，打造个人守信联合激励城市合作机制，各城市间个人诚信分实现互通互认。如“桂花分”较高的市民到郑州，桂花分能被“商鼎分”认同，在出行等方面享受到专属优惠。

三、我国社会信用体系建设现状

第一，全国性工作协调机制和法规、标准体系初步建立。

从全国范围看，建立了国务院社会信用体系建设部际联席会议制度，联席会议由发展改革委、人民银行牵头，主要履行统筹协调社会信用体系建设相关工作，研究提出社会信用体系建设中长期规划，指导、督促、检查有关规划、政策措施的落实，推动信用法律法规建设，指导地方和行业信用体系建设等工作职责；全国多数地区也相继成立了工作协调推进机构，跨行业、跨地区的社会信用体系建设协调机制初步形成，如表 4–1–3 所示。

表 4–1–3　近两年国家各部委发布的有关信用体系建设的部分文件

部门	文件名
国家能源局	《能源行业市场主体信用数据清单（2022 年版）》（征求意见稿） 《能源行业市场主体信用行为清单（2022 年版）》（征求意见稿）
国家发展改革委	《国家发展改革委办公厅关于开展信用服务机构失信问题专项治理的通知》
市场监管总局	《“十四五”市场监管科技发展规划》 《食品生产企业风险分级管理办法（征求意见稿）》
国家知识产权局	《专利代理信用管理办法（征求意见稿）》 《国家知识产权局知识产权信用管理规定》
国家统计局	《统计严重失信企业信用管理办法（征求意见稿）》
交通运输部	《道路运输驾驶员信用考核办法（征求意见稿）》
应急管理部	《安全生产严重违法失信名单管理办法（征求意见稿）》
司法部	《司法鉴定机构诚信等级评估办法（试行）》
国家税务总局	《重大税收违法失信主体信息公布管理办法》
人力资源和社会保障部	《拖欠农民工工资失信联合惩戒对象名单管理暂行办法》
文化和旅游部	《文化和旅游市场信用管理规定》
海关总署	《中华人民共和国海关注册登记和备案企业信用管理办法》
生态环境部	《建设用地土壤污染风险管控和修复从业单位和个人执业情况信用记录管理办法（试行）》
住房和城乡建设部	《2022 年信用体系建设工作要点》

资料来源：根据信用中国网站相关资料整理。

国务院颁布了《征信业管理条例》，并于 2013 年 3 月 15 日开始实施。国务院及各主管业务部门、各地方政府也相继出台了社会信用体系建设和管理规章，颁布了一些专门的法律和法规，涉及信贷、食品、建筑、商务、交通和资本市场。如全国大部分省市都制定了地方社会信用条例。浙江、天津、重庆、贵州、江苏、广东肇庆、河北石家庄、山东等省市，制定了社会信用体系建设“十四五”规划。此外，我国还颁布了部分国家标准和行业标准，为促进信用行业的建设起到了法律支持和技术规范作用。

第二，建成了全国统一的金融信用信息基础数据库，为商业银行信贷决策和防范风险提供了支持。

金融信用信息基础数据库（即原来的企业和个人信用信息基础数据库，企业和个人征信系统），是人民银行组织商业银行建设的全国统一的信用信息系统，截至 2015 年 4 月，企业征信系统收录企业及其他组织共计 2068 万户，个人征信系统收录自然人数约 8.64 亿人。目前，企业和个人征信系统已经覆盖了商业银行、所有具备介入条件的城市和农村信用社、部分村镇银行、企业金融公司、信托投资公司、租赁公司、财务公司、公积金管理中心等从事信贷业务的全部金融机构，为金融机构防范信贷风险提供支持和服务。

第三，地方信用体系建设取得成效，区域信用体系逐步建立，如表 4–1–4 所示。

从地方看，大部分地区结合本地实际，制定了社会信用体系建设规划或工作意见，推动地方信用法规建设，如上海、北京、浙江、湖南、福建、广东等省市，先后出台了关于企业、个人征信的相关法律法规或政府令；地方还探索建立综合性信用信息共享平台，促进本地区各部门、各单位信用信息整合应用，在政府采购、招投标、行政审批、市场准入、资质审核等方面，使用信用产品并实施信用记录预审制度，探索建立失信联合惩戒机制。

区域信用体系逐步建立。地方开始加强区域信用合作，推动跨区域信用信息整合共享。如江浙沪两省一市政府从 2004 年开始打造“信用长三角”平台，签署了《信用体系建设合作备忘录》等文件，确定了区域信用体系建设合作机制、信用信息共享模式和建设时间表，开通了信息共享平台，“长三角”信用体系建设已形成了初步框架和基础。此外，国内部分城市推出了“信用分”工程，如杭州“钱江分”、厦门“白鹭分”、苏州“桂花分”、威海“海贝分”、郑州“商鼎分”，并以此为基础将信用分应用到图书馆、乘车、医疗、租房等领域。

表 4-1-4　部分省市出台的与社会信用体系建设有关的文件

省市	政策文件
上海	《上海市社会信用条例》《上海市公共信用信息归集和使用管理办法》《关于本市加强政务诚信建设的实施意见》《关于进一步完善本市行政许可和行政处罚等信用信息工作的通知》《上海市食品生产企业食品安全风险分级与信用分类管理办法》《上海市养老服务机构信用评价管理办法》
北京	《关于加快社会信用体系建设的实施意见》《关于建立完善信用联合奖惩制度加快推进诚信建设的实施意见》《北京市教育委员会关于推进北京市教育系统信用建设工作的意见》《北京市文化和旅游行业信用分级分类监管管理办法（试行）》《关于加快推进北京市社会信用体系建设构建以信用为基础的新型监管机制三年行动计划（2020—2022 年）》《北京市人民政府关于建立完善信用联合奖惩制度加快推进诚信建设的实施意见》《北京市公共信用信息管理办法》《北京市失信信息信用修复与异议处理办法（暂行）》《北京市文化和旅游行业失信信息信用修复与异议处理办法（暂行）》
浙江	《浙江省社会信用体系建设“十四五”规划》《浙江省公共数据条例》《浙江省社会信用体系建设 2022 年工作要点》《浙江省土地市场信用监督管理办法》《浙江省医疗保障信用管理办法》《浙江省法官惩戒暂行办法》《关于加快推进信用“531X”工程，构建以信用为基础的新型监管机制的实施意见》《浙江省营商环境评价实施方案（试行）》
江苏	《江苏省社会信用条例》《2022 江苏省社会信用体系建设工作要点》《江苏省信用服务机构管理办法（试行）》《关于加快推进社会信用体系建设构建以信用为基础的新型监管机制的实施意见》《关于加强住房保障失信行为管理的通知》《江苏省交通运输行业联合奖惩措施清单》《江苏省社会法人信用基础数据库信用修复办法（试行）》
山东	《山东省社会信用条例》《山东省公共信用综合评价办法》《山东省社会信用体系建设 2022 年工作要点》《山东省发挥信用信息应用价值助力中小微企业融资若干措施》《山东省公共信用信息归集管理办法》《山东省信用服务机构监督管理办法（试行）》《山东省“十四五”社会信用体系建设规划》《山东省信用分级分类管理办法（试行）》

续表

省市	政策文件
广东	《广东省社会信用条例》《广东省加强个人诚信体系建设分工方案》《广东省交通运输厅关于道路运输企业诚信评价的管理办法》《广东省市场监督管理局产品质量信用分类监管规范》《深圳市电子商务经营者第三方信用评价与应用暂行办法》《深圳市企业信用征信和评估管理办法》《惠州市守信激励服务实体经济十条措施（试行）》
安徽	《安徽省推进社会信用体系建设高质量发展行动方案》《安徽省实施〈优化营商环境条例〉办法》《创优营商环境对标提升举措（2022 版）》《安徽省人民政府办公厅关于进一步完善失信约束制度构建诚信建设长效机制的实施意见》《安徽省建筑市场勘察设计企业信用评价办法和评价标准》《安徽省涉企信息归集应用实施办法（试行）》《安徽省政务诚信建设实施方案》《安徽省旅游经营失信行为惩戒暂行办法》《安徽省“十四五”交通运输信用体系建设实施意见》《安徽省工程造价咨询业信用信息管理办法》
湖南	《湖南社会信用条例》《湖南省社会信用信息管理办法》《2022 年湖南省社会信用体系建设工作要点》《湖南省社会信用体系建设三年行动计划（2022—2024 年）》《湖南省“十四五”社会信用体系建设规划》《湖南省优化经济发展环境规定》

资料来源：根据信用中国地方网站整理。

第四，行业信用体系建设具有一定规模，部分行业实现了信用信息的互联互通，如表 4–1–5 所示。

表 4–1–5　政府主要部门社会信用体系建设内容

政府部门	社会信用体系建设内容
国家工商管理总局	建立了拥有超过 600 万户企业基本信息的共享数据库
海关总署	建立了出口企业信用档案系统
国家税务总局	实施“金税”工程建设，最后实现对纳税人进行综合管理和监控
中国人民银行	建立以企业和个人信贷记录为基础的企业和个人信用信息基础数据库
国家外汇管理局	根据交易主体的以往交易记录、交易金额和频率设立了“关注名单”“黑名单”等信息库

续表

政府部门	社会信用体系建设内容
银保监会	计划建立与保险机构共享的客户投诉、高管人员、保险从业人员、投保人信用资料、保险监管案例等信息系统
住建部	对一级资质的房地产企业建立了信用档案系统，并建立了房地产估价师信用档案
财政部	依托中国注册会计师协会，建立了注册会计师、注册资产评估师诚信档案系统
公安部	建立“全国人口基本信息资源库”等八大基础性、共享性信息资源库
最高人民法院	建立全国法院执行案件信息管理系统
最高人民检察院	建立贪污受贿的“黑名单”公示系统
全国整规办	围绕打击商业欺诈的需要，建立了“中国反商业欺诈网”，归集和公开市场主体的负面信息，为社会公众提供反商业欺诈的服务

资料来源：中央政府门户网站 http：//www.gov.cn/jrzg/2006-05/16/content_281308.htm

国务院各主管部门充分利用本系统的业务系统，建成了信用信息系统，重点行业完善了信用信息的记录，有些部门还向社会提供信用信息服务，部分行业实现了信息的互联互通。如纪检监察机关会同有关部门全面推进工程建设领域项目信息公开和诚信体系建设。法院机关建立了全国法院案件信息管理系统和执行案件信息公开查询系统，检察机关建立了行贿犯罪档案公开查询系统和“黑名单”查询制度。工信、公安、人力资源保障、环保、住房城乡建设、海关、税务、工商、质检、知识产权、证监、保监、食品药品、外汇等部门也不断完善本行业信用信息管理系统，开展行业信用评价，实施信用信息分类监管，探索建立多部门失信联合惩戒机制，提升监督效能，强化对失信行为的约束。其中，公安部、人社部、环境部、住建部、银保监会与人民银行实现了部分的信用信息互联互通。

第五，信用服务市场建设正在起步，信用服务产品需求日益增加。

目前，我国资本市场评级、信贷市场评级、担保机构评级、企业和个人征信、债券市场评估、贷款企业评估、担保企业评估等信用服务市场多元发展，社会对信用服务产品的需求逐步形成并日益上升，商业信用服务产品逐年增加，交易日益活跃。

据不完全统计，截至2011年，我国有专门从事征信业务的征信机构约200家，其他从事部分征信业务活动的社会信用中介机构100多家，中小企业信用担保机构4300多家，各类信用评级机构100多家，其中，从事资本市场评级业务的机构达到6家。

四、社会信用体系建设中存在的问题

虽然我国社会信用体系建设取得了积极进展，但是还存在许多问题，主要表现在以下几方面：

第一，缺乏健全、系统的信用法律法规。

我国社会信用体系建设主要是依据国家相关政策性文件。我国出台了一批基本的经济法律、法规，如我国的《民法通则》《合同法》和《反不正当竞争法》都规定了诚实信用的基本原则;《公司法》和《证券法》对于公司“制作虚假招股说明书”及上市中的“虚假陈述”也有明确的法律责任规定，刑法中对金融诈骗等犯罪也课以重刑，但仅有这些还不足以最大限度预防和减少不守信用的各类违法犯罪活动。如实践中已经发生的多起证券欺诈案，虽然证监会处罚力度很大，但违规公司承担的仍然是行政责罚（罚款），受到损害的投资者并没有获得应有的赔偿。结果是不法行为人承担的行政责任，与其所获得的经济利益严重不对称，导致法律责任和制裁缺乏应有的约束力，各种违法违规行为屡禁不止。

关于社会信用建设的内容过于分散，缺乏规范统一的上位法支撑。在社会信用信息归集应用、信用评级、守信激励和失信惩戒、信用修复等关键节点上缺乏可操作性的规定，导致信用规范相互支持不足，对社会和企业的各种失信行为难以形成强有力的法律约束。协同监管机制尚未形成，存在部门间法规交叉、职能边界不清、协作机制不健全、区域性监管风险防控能力不足等问题，易形成监管盲点。此外，虽有不少地方政府已出台了一些关于个人征信方面的地方性法规，对规范市场信用关系发挥了积极的作用，但仍存在立法融惯性不足的问题。

第二，覆盖全国的信用体系尚未形成，行业、地区信用体系未完全实现互联互享。

我国社会信用体系建设的主要问题之一，是还没有建立起覆盖全国的信用体系，社会信用信息资料的拥有者、使用者，以及政府有关部门多从本地或本部门利益出发，在社会信用信息资料的采集、整理、分析和使用方面，彼此相互独立，缺乏沟通和协调。据了解，作为现代征信系统基础的信息开放共享方面，国家虽然投入了不少资金，但主要限于银行、海关、工商、税务等垂直管理部门内部封闭式自我循环使用，分类监管，跨部门、跨行业缺乏横向沟通，更形不成网络式覆盖，独立的征信单位很难获取相关资料。

第三，信用中介市场发展滞后，服务体系不成熟。

目前，我国依托人民银行的征信系统，初步建立起了全国性的征信体系。社会信用体系的健康发展，仅有征信系统是远远不够的，还应有更多相关的金融机构、信用评级机构、担保中介机构、资质认证机构、律师事务所和会计师事务所等的参与。

但是，目前我国信用中介体系的发展还跟不上市场发展的需要。这主要表现在：一是现代信用意识的缺乏导致社会对信用产品的需求相对不足，信用中介机构市场化、社会化程度低，而且市场规模小。二是中介机构的经营管理与运作缺少相应的法规，市场竞争处于无序状态。三是信用中介缺乏统一的标准，没有一套完整的信用调查和评价体系，导致企业的信用情况得不到科学的评估，个人的信用优劣没有一个市场的标准表达形式，市场不能发挥对信用状况的奖惩作用，企业也缺乏加强信用管理的动力。

第四，失信惩戒机制薄弱，联合失信惩戒机制尚未建立。

对失信的行政处罚与法律制裁力度不足。主要表现在三个方面：

一是一些失信行为的监管法律法规缺失，对社会经济活动中的一些违法失信行为监管还存在空白。例如，2012 年“毒胶囊”事件就暴露了我国药品监管领域的漏洞——现有的《药品管理法》虽然规定了胶囊必须符合药用要求，但如果企业未遵守，又没有明确的处罚措施；二是一些政府部门执法履职不到位。一些地方政府部门出于当地经济增长的考虑，对当地企业的一些违法、违规行为采取漠视乃至纵容的态度，监管和处罚流于形式，对企业失信行为不能起到实质性惩戒和威慑作用；三是未能形成“网络化”的惩戒机制。对于失信主体的惩戒，只有做到“一处失信，处处难行”才能发挥最大的威慑作用。一些违法、违规行为涉及诸多部门，如产品质量问题涉及质监部门、工商管理部门，一些特殊领域可能还会涉及建设主管部门、食品药品监管部门。由于各个部门之间缺乏信息共享机制，从而导致对很多失信行为的惩戒还处于部门“条块”化的状态。

第五，征信市场监管体系不健全。

目前在我国征信体系的发展过程中，市场监管的混乱现象凸显，多头监管与监管缺位同时共存，监管客体的界定模糊不清。由于政出多门，这在相当程度上扰乱了征信市场的总体发展思路，因此需要将征信市场监管部门做系统梳理，分析其监管职能，统筹合并或删减。

我国征信体系中设立的监管机构，主要有中国人民银行、证监会、财政部、发改委等相关部门，分别对不同的征信客体进行监管，如表 4-1-6 所示。

表 4-1-6　我国征信体系中的监管主体与客体

信息征集和调查机构		监管客体			
		资信评估机构	资产评估机构	信用担保机构	
监管主体	人民银行	牵头建设并管理	管理与银行业务相关		
	证监会		管理与证券业务相关	审核与证券业务相关	
	财政部			统一政策，分级管理	管理政府融资担保机构
	发改委				管理中小企业信用担保行业

由上表可知，征信监管客体存在着形式上的多头监管现象，而从上述征信监管主体的监管分管职责和分管范围来看，行之有效的征信监管体系并未形成，征信缺位现象普遍，征信行业的监管事实上处于不完善的状态。而作为我国征信体系的牵头建设部门和监督管理部门，中国人民银行在此面临诸多问题：一是监管

地位缺乏法律依据，导致其监督地位无法确立；二是在多头监管的情况下，事实上征信体系监管真空，监管效力大打折扣；三是各监管部门从自身利益出发，制定出不同的监管规定，造成监管标准不统一；四是监管机构监管流程无序，监管口径不一，只是征信市场竞争无序，加大了市场风险隐患。

第二节　住房保障对象诚信评价现状及问题

住房保障是社会保障的重要组成部分，近几年我国保障性住房建设的力度不断加大，从 2010 年的 580 万套，到 2011 年的 1000 万套，到“十二五”期间的 3600 万套，再到“十三五”期间城镇棚户区住房改造开工超过 2300 万套。在保障性住房数量不断增加的同时，因为住房保障对象的不诚信行为，导致保障性住房分配和管理中出现了许多问题。目前，国家层面还没有统一的标准对住房保障对象诚信进行评价，但是地方政府在约束住房保障对象不诚信行为方面进行了许多探索。

一、住房保障对象诚信评价现状

随着我国保障性住房建设力度的不断加大，全国各地纷纷加快保障性住房建设的步伐，分配环节出现的问题逐渐凸显出来，即保障性住房申请、分配、使用及退出等环节存在住房保障对象失信的现象，如骗租、骗购、出租、转租、出售、欠缴租金和物业费、拒不退出等。截至目前，在国家层面还没有关于住房保障对象诚信评价的相关规定、办法。但是针对保障性住房在申请、分配、使用及退出等环节中出现的各种不诚信行为，广州、天津、北京、深圳、江苏等省市陆续出台相关规定，对住房保障对象的不诚信行为进行约束。根据情节轻重，地方采取的主要措施包括罚款、若干年内限制再次申请、记入诚信档案、移送司法机关等。地方的探索和实践，为建立全国性的住房保障对象诚信评价体系奠定了基础。国内部分城市的做法见下表 4-2-1：

表 4-2-1 国内部分城市住房保障对象诚信评价方面的做法

省 / 市	主要做法
北京	《北京市城镇基本住房保障条例》设立“法律责任”章节，对不符合申请条件，以隐瞒或虚报人口、收入等弄虚作假，除 5 年内不能申请外，还将处以一定数额的罚款。对骗取保障房或货币补贴的，罚款数额将更大。擅自转让、出租、转租、出借保障房，或利用保障房从事经营活动、擅自改变保障房功能和结构的，除没收违法所得外，也将处以罚款
深圳	《深圳市保障性住房条例》中规定：根据违法行为的不同主体、形式和阶段，提出从 3 万元到 20 万元的罚款标准；骗购保障房其申请之日起十年内不予受理其住房保障申请；擅自出租保障房罚款 5 万元；有关当事人涉嫌诈骗、伪造公文印章、贿赂等犯罪的，移送司法机关依法处理；违法违规行为纳入征信记录
江苏	制定了《关于加强住房保障失信行为管理的通知》和《住房保障失信行为严重程度划分标准》，住房保障对象在保障房申请、使用和退出过程中具有故意隐瞒申请人信息、违规申请、故意损坏保障性住房小区配套设施、不按时交纳公租房租金等违反诚实信用原则的行为，按照严重程度分为一般和严重两个等级，按照严重程度给予处罚，属于严重失信行为的列入信用黑名单。此外，还提出推进信用信息共享，通过住房保障部门与社保、税务、住房公积金、公安、工商、银行、证券、房产部门联动或联网，核实申请家庭的收入、车辆、金融资产等情况
天津	建立《住房保障诚信档案》，对违反住房保障管理规定的个人建立不良信用记录，并纳入本市住房保障管理信息系统
广州	实施《保障性住房小区管理扣分办法》，根据违规行为的严重程度对违规住户进行扣分，在两年内根据累计扣分分数进行不同程度的惩罚；对实施本办法取得良好成效的小区、集体以及家庭（个人）分别予以奖励
厦门	《厦门市社会保障性住房管理条例》中对申请、使用、退出等环节的不诚信行为规定了相应惩戒措施。如申请环节不如实申报住房情况及变化的、对弄虚作假骗取保障性住房的，使用环节出租、转租、转借、调换、经营、转让社会保障性住房的，改变房屋用途，擅自装修、损毁、破坏、改变房屋结构和配套设施的，不按期交纳租金的，退出环节不正常退出的都要承担相应法律责任。在信用档案中有不诚信记载且情节严重的，申请家庭五年内不得再申请社会保障性住房

资料来源：根据网上相关资料整理。

二、主要经验及存在的问题

从地方的实践看，对住房保障对象诚信评价方面的实践经验主要有以下几方面：

第一，多部门信息共享，建立联动协查机制。

建立与社保、税务、公安、银行、证券、房产等部门的联动机制或联网的信息系统，对申请家庭的收入、财产、住房等情况进行严格核查，在申请环节就减少因提供虚假材料导致的骗租、骗购现象。如南京建立了保障对象收入审核联动机制，天津建立了住房保障信息化管理系统，严格实施保障对象的收入财产核查和退出资格认证，强化对舞弊、违规等行为的制约惩治。

第二，通过失信惩戒和守信奖励维护保障房小区的居住环境。

在保障房的使用过程中，对擅自改变保障房使用用途、破坏小区环境等行为，根据违规程度采取相应的惩罚措施，对保障房和小区环境维护良好的住户则予以奖励。如广州市实施了保障性住房小区管理扣分办法，通过失信惩罚和守信奖励的措施，来规范保障房小区住户的行为，提升小区的服务水平，优化小区居住环境。

第三，加大对保障对象失信的惩处力度。

加大经济处罚的力度，严重的失信行为将负法律责任，通过提高“失信成本”来减少失信行为。如《深圳市保障性住房条例》将骗租骗购保障房罚款最高额定为 20 万元，而且拟根据《刑法》规定将骗购保障房行为上升到刑事责任，以诈骗罪论处。

第四，纳入诚信管理体系，将保障对象违规行为与个人征信系统挂钩。

保障性住房领域的不诚信行为记入个人信用记录，并纳入个人征信信息来源，使其失信后处处受限，只有这样，才能从根本上改变住房保障对象的行为预期。如深圳市针对骗租、转售等不诚信行为会进行记载和公示，并告知当事人所属单位和征信机构；江苏省也加强了对保障性住房领域不诚信行为的处罚。

尽管我国住房保障对象诚信评价在地方取得了一定进展，但仍有许多问题需要进一步解决。主要是：没有统一的评价体系对住房保障对象的诚信进行评价；住房保障组织机构建设不完善，没有专门的机构对住房保障对象的不诚信行为进行监督管理；有的地方提出将保障对象的不诚信行为与个人信用体系挂钩，但是在个人信用体系建设还不是很完善的背景下，实施效果还没有显现出来。

第三节 住房保障对象诚信缺失表现、根源及影响

一、住房保障对象诚信缺失的表现

住房保障对象诚信缺失的行为发生在保障性住房申请、使用及退出的各个环节，具体表现如表 4-3-1 所示：

第一，申请环节。通过虚报、瞒报收入、资产，户籍、年龄造假等提供虚假资料来骗取保障房。目前我国居民就业日益多样化和居民收入日益多元化，收入、资产等信息分散在各个部门，信息的不对称导致一些居民采取虚报瞒报收入的手段骗取保障性住房。

第二，使用环节。擅自改变保障房结构和使用用途，将保障房闲置、违规出租、出售，拖欠租金和物业管理费，违反小区的管理规定等。尤其是租赁型保障性住房，部分租户租金收缴难度大。而且发生违规行为时，由于调查对象的不配合导致取证难度大，如廉租户拒绝配合，则无法对闲置原因及闲置时间进行取证。

第三，退出环节。不再符合条件的家庭不能及时退出。申请人入住保障性住房后家庭收入、人口、住房状况等条件发生变化时不及时、主动申报，导致保障性住房一旦入住就很难退出，影响了保障性住房的有效流通。

表 4-3-1 保障性住房各环节可能存在的问题

	问题分类	具体问题
申请环节	自然情况造假	户籍、年龄造假，虚报家庭人口等
	虚报家庭财产及经济情况	虚报或隐瞒收入、家庭资产、住房情况等
	伪造证明材料	伪造重残证明、大病诊断书；伪造纳税、住房公积金或社会保险证明等材料
	其他情况	拒不配合工作人员核查人口、住房等情况

续表

	问题分类	具体问题
使用环节	改变保障性住房结构、功能及使用性质	在保障性住房内私自搭建，在保障性住房内从事其他活动
	转让、转租、出租、调换保障性住房	擅自将保障性住房转让、转租、出租、调换
	保障性住房空置	无正当理由空置保障性住房
	拖欠租金和物业费	无正当理由连续拖欠租金、物业费
	违反保障房小区管理规定	私搭乱建、破坏环境等
	其他情况	工作人员核查转租等情况拒不配合
退出环节	不主动申报相关情况	不主动申报家庭人口变化、收入、资产等变化情况
	不符合条件家庭拒不退出	合同期满拒不退出；欠缴租金、空置达到一定时间限度后拒不退出；违规使用保障房拒不退出等
	其他情况	严重违反保障性住房小区管理规定后拒不退出

二、住房保障对象诚信缺失的根源

住房保障对象诚信缺失的现象背后有更为深层的原因，具体有以下几方面：

第一，缺乏信息共享机制，信息联网系统尚未完全建立。

首先，当前居民收入来源途径多元化，对资产核查带来很大难度；其次，资产核查作为住房保障审核的前置环节，涉及核查的资产类型较多，如涉及土地、房产、车辆、股票等，相应涉及的职能部门也较多，目前还未完全建立跨部门、跨区域、全国性的信息联网查询系统，给收入核查带来很大难度。信息的不对称导致一些居民采取虚报瞒报收入的手段骗取保障性住房。

我国还没有完全建立个人收入申报制度和个人信用制度。

一方面，当申请人入住保障性住房后条件发生变化时，只能依靠保障性住户自行申报，房管部门难以有效监管。另一方面，保障对象发生虚报、瞒报等不诚信行为时，由于个人信用体系建设不健全，即使有的地方采取住房保障诚信档案的措施，其行为也只是在保障性住房领域受到限制，惩罚效果并不明显。

第二，奖惩力度相对较弱。

目前各地颁布的保障性住房相关法规或措施中，失信惩戒的条款相对较多，缺乏奖励机制。而且就失信惩戒来看，对虚报、瞒报家庭人口、收入、住房等情况骗租的个人和家庭惩罚力度也不大，最严厉的惩罚也不过是取消其申请资格。[①] 即使部分城市设置了计入诚信档案的条款，但也仅限于住房保障领域，失信成本太低，因而出现了一部分人采取弄虚作假的手段骗取保障性住房。对拒不退出的住户和未能如期交纳甚至故意拖欠租金或物业管理费的租赁户，因缺乏有效奖惩机制也未能得到有效的规避，大量该回收的住房也无法收回，影响了保障房的流转效率。

第三，审核力度不够，监管机制亟待完善。

一方面，目前比较通行的社区审核、公示方式存在使审核机制流于形式的漏洞，因为在人口流动性大的城镇尤其是大中城市，社区和居委会未必了解每个申请对象的实际住房和收入情况，也存在人情面子问题，加之即使出具错误的审核意见也不用付出犯错成本，往往是简单地依申请对象提供的材料进行审核，缺乏进一步审核把关；公示环节，部分邻居基于人情等原因，加上保障性住房的分配带有一定的“外部性”，邻居往往觉得事不关己，多一事不如少一事，导致举报造假的动力不足，公示的效果未必能保证。另一方面，保障性住房的监管机构涉及政府房管部门、街道和社区，但具体谁负责住房、补贴等事项的监管则未明确，违规现象难以得到及时、有效查处。此外，监管措施落后也是重要原因，入户调查次数少、间隔时间跨度长、邻里访问难度大等监管中存在的问题，导致一些住房保障对象迈进“保障”门槛后，对违规违法高枕无忧。[②]

三、住房保障对象诚信缺失的影响

住房保障对象骗租、骗购等信用缺失现象妨碍了保障性住房的公平分配，如

① 颜芳芳，王箐．城镇住房保障对象失信问题及对策 [J]. 人民论坛，2016，(17)：175-177.

② 颜芳芳，王箐．城镇住房保障对象失信问题及对策 [J]. 人民论坛，2016，(17)：175-177.

果任其蔓延，危害将十分严重，不仅会增加政府的审核、管理成本，降低住房保障的公共政策效果，还会影响政府的公信力，损害社会公平，甚至影响社会稳定。具体而言，住房保障对象信用缺失的负面效应表现在以下几个方面：

第一，增加政府的审核和管理成本。

在保障性住房分配制度上，存在着资格审查机制不完善、缺乏信息共享机制等制度缺陷，保障性住房申请过度依赖申请者的诚实守信。在申请人弄虚作假的情况下，政府要对申请人的资格进行核查，并对申请人的收入、家庭等变动情况实施监管，无形中增加了政府的审核和管理成本。

第二，降低了住房保障的公共政策效果。

住房保障作为公共政策的一项重要内容，政府是住房保障的责任主体，要确保保障资源落实到真正需要的人群身上。而骗租、骗保等不诚信行为，使不符合条件的高收入群体进入保障队伍，在保障性住房数量既定的条件下，挤出了部分本该受到保障的对象，导致政府在同样投入情况下，解决实际住房困难的人数减少，影响到住房保障的政策效果。

第三，弱化了政府的信用，影响政府的公信力。

公平分配是关系保障性安居工程的成败及可持续发展的“生命线”，由于存在准入条件审核不严，管理部门工作人员以权谋私等行为，出现武汉经济适用房“六连号”，北京、深圳等地开着豪车享受保障性住房的现象，造成保障性住房分配不公。保障性住房成为某些人获利的工具，引起老百姓的不满，导致政府的公信力大打折扣。

第四，损害社会公平，影响社会稳定。

保障性住房是中低收入家庭的安身立命之所，在房价居高不下现实的背景下，保障性住房能否公平分配尤为重要。而骗租、骗购等行为导致不符合申请条件的高收入群体挤占保障性住房，不仅严重损害社会公平，同时会加重弱势群体的被剥夺感，有可能影响社会稳定。

第五章　住房保障对象诚信评价机制设计

第一节　评价机制遵循的原则

第一，公平性原则。公平性是保障性住房政策实施的前提，而目前保障性住房领域存在的审核条件不严，管理部门工作人员以权谋私等行为，使保障性住房成为某些人获利的工具，造成分配的不公。住房保障对象诚信评级机制首先要保证政策的公平性，尽可能遏制骗租、骗购行为的发生。

第二，经济性原则。信息共享机制的缺失，使得申请人的资格核查特别困难，政府只能通过增加财力、物力、人力投入的方式进行核查。诚信评价机制必须降低政府核查、管理等成本，通过诚信信息系统的建设更好进行收入和资产检验，提高政策的瞄准效率。

第三，效率性原则。对住房保障对象资格审核、管理、监管等现有措施的高成本性，带来政府部门的低效性，诚信评价机制设计必须能有效提高政府部门的效率，通过诚信信息系统和分级监管等措施，提高政府部门在收入和资产核查、日常监管等方面的效率。

第四，激励性原则。现有关于住房保障对象诚信评价的措施中，缺乏对保障对象的激励措施，这使得大量有劳动能力的保障对象留在救助体系内，缺乏工作积极性。诚信评价机制要规避现有的保障体系引起的道德风险，通过制定相关措施，鼓励有条件的保障对象主动向社会上层流动。

第二节 评价机制设计思路

住房保障对象诚信评价机制由信息征集与管理、信用评估、信用监管、信用评价结果运用、信用保障及支撑体系等五大模块组成，评价机制思路如下图5-2-1所示：

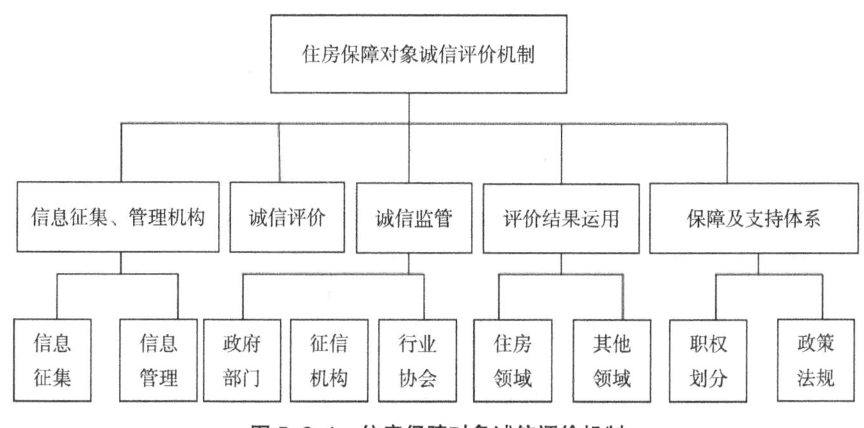

图 5-2-1 住房保障对象诚信评价机制

一、信息的征集和管理

以政府主导为主，由住房管理部门相关部门负责住房保障对象诚信信息的征集和数据库的建设和管理，如表5-2-1所示。目前，我国住房保障对象的各类诚信信息都分散地由各部门掌握，而且各自“保密”，借鉴发达国家和地区征信的实践经验，并结合我国的实际情况，应采取政府主导的模式，由政府相关部门负责从公安、税务、金融、房管等部门征集住房保障对象的信用信息，建立住房保障对象诚信信息数据库，并负责对数据库的管理。

诚信记录体系建设是信息征集与管理模块的关键内容。诚信记录体系是诚信评价指标体系的数据支撑体系，是诚信评价的基础，该体系涵盖保障性住房在申请、使用和退出环节所有可能出现的不诚信行为，一旦保障对象有不诚信行为发生，在诚信记录体系数据库中就形成相关记录。

诚信记录体系完成后，住房保障对象、住房保障部门、与住房保障相关的企业可以查询保障对象的诚信情况，住建部门出具诚信报告。诚信记录体系一方面帮助住房保障部门判断保障对象的信用风险，为其配置保障性住房提供参考；另一方面为诚信评价机构提供基础数据。

诚信记录体系建议由住建部牵头建设，由其制定诚信记录体系的诚信信息采集目录、数据标准和格式，各省市按照此标准建设地方诚信记录体系数据库，最后整合成全国性的诚信记录体系数据库。从远期看，诚信记录体系数据库还可能会与个人信用信息数据库对接，从数据库建设之初就把标准进行统一，也便于以后与个人信用信息数据库的整合和对接。

此外，与诚信记录体系建设相关的诚信信息征集、报送和整理、查询、异议处理、安全管理以及违反规定的罚则等内容，也应同时进行规定或明确。

表 5-2-1　住房保障对象诚信信息采集内容

	分类	具体内容
住房保障对象诚信记录体系	申请环节	虚报人口，年龄户籍造假，隐瞒或伪造相关证明材料等
	使用环节	改变保障性住房结构、功能及使用性质，擅自将保障性住房转让、转租、出借、调换、空置，无正当理由拖欠租金和物业管理费，违反保障房小区物业管理规定，在保障房内从事违法活动等
	退出环节	不主动申报住房、资产收入变化情况；合同期满拒不退出；违反相关规定后拒不退出等

二、诚信评价

以市场化的评价机构为主。设计科学的评价指标体系和评价方法，由住房管理相关部门委托市场化运营的评级机构进行评估，出具住房保障对象诚信评估报告。诚信评价是诚信评价机制建设中的关键环节，通过对住房保障对象进行诚信评价，可以正确评估、判断其在住房保障领域的诚信状况与诚信预期，确定政府监管的力度。

评价指标的设计及评级方法的选择是信用评估模块的关键环节。

建立住房保障对象诚信评价指标体系，通过定期对保障对象进行诚信评价，一方面可以减少住房保障领域存在的问题，另一方面可以为政府提供新的监管手段和保障房对象管理措施，为政府相关部门改进保障房管理措施，以及监管部门制定决策提供依据。此外，住房保障对象诚信评价指标体系，将限制不诚信行为，有效促进保障性住房的公平分配和有效流转，保证住房政策的公平，维护社会稳定。

诚信评价指标体系是住房保障对象诚信评价机制的核心内容，评价指标体系由两部分组成，一是住房保障领域的诚信指标，一是非住房领域的诚信指标。

从权重看，近期，将以住房保障领域的评价得分为主，其他领域的信用状况只是参考。远期，随着个人信用体系的完善，各领域信息实现互联互通，其他领域的信用情况所占权重会加大。其中：

住房保障领域的指标体系涉及住房保障对象从保障性住房申请、使用直至退出的各个环节，将各个环节可能出现的不诚信行为按照严重程度进行分类。

非住房领域的诚信状况，主要参考中国人民银行的个人征信中心出具的个人信用报告，从保障对象与金融机构发生信贷关系形成的信贷信息；与商业机构、公用事业服务机构发生赊购关系而形成的赊购、缴费信息；行政机关、行政事务执行机构、司法机关在行使职权过程中形成的与个人信用相关的公共记录信息；其他与个人信用有关的信息等方面，考察非住房领域的诚信状况。

评价方法有很多种，具体采用哪种方法可以由相关政府部门确定，也可以由市场化的评级机构决定。以基础计分法和不良信用扣分法为例进行说明。每个评价对象的基础分为 100 分，一旦评价对象在保障性住房申请、使用和退出环节出现不诚信行为，则按照行为的严重程度扣除相应的分数；其他领域评分办法与此相同。

诚信评价总分 = 住房保障领域的诚信得分 $\times$ x+ 非住房领域的诚信得分 $\times$（1 – x）。其中，x 表示权重。

以三个等级为例：

A（X_1+1—100 分）：诚实守信，严格遵守保障性住房在申请、使用和退出的各种管理规定，具有模范作用。给予其一定的奖励，为其向上层社会流动提供支持。

B（X_0—X_1 分）：在保障性住房申请、使用和退出环节中偶尔有不诚信行为发生，需要进一步约束自己的行为，做到诚实守信。对其进行相应的惩罚措施，同时对其进行书面警告，如果罔顾警告再次做出不诚信行为，则记入其不良信用记录。

C（＜X_0分）：在保障性住房申请、使用和退出环节中经常有不诚信行为发生，失信行为严重。需要进行严厉的惩处，其失信行为记入个人不良信用记录，同时也是政府重点监管的对象。

设计思路只是对指标体系进行的框架性设计，具体指标权重确定、指标细化、评价方法确定等内容下面章节会有详细介绍。

三、诚信监管

由政府有关部门会同征信机构、行业协会组成诚信评价监管委员会，负责对保障对象诚信信息征集及评估业务的机构进行监管。从国际经验看，信用管理方式受法律环境的影响。我国信用行业的发展历史较短，相关的法律法规还不健全，因此，在加快立法进程的同时，充分发挥政府在监管体系中的作用。

四、评估结果运用

确定评价标准，并按照评价标准将评分结果分级，住房保障对象诚信评价总分得分越高，诚信水平越高，信用风险越小。反之，诚信水平越低，信用风险越大。

对住房保障对象的诚信进行评价，旨在通过差别化对待守信和不守信的保障对象，将住房保障对象的诚信等级和其在保障性住房、社保、金融等领域的活动联系起来，鼓励住房保障对象的诚信行为，限制其不诚信行为，减少保障性住房在申请、使用和退出环节的各种不诚信行为，促进保障性住房的公平分配和有效流转。

建立鼓励守信者、处罚失信者的激励机制，特别是对失信惩戒愈严厉，失信成本愈高，对信用主体的约束愈大，信用信息发挥的作用愈大。对诚信等级较低的住房保障对象，继续实行现有的经济处罚、一定年限内不能申请保障性住房等措施。此外，在保证住房保障对象基本住房权利的前提下，还可以从纳入个人征信信息来源、失信联合惩戒等方面对住房保障对象进行惩罚，以改变其行为预期，约束其失信行为。对诚信等级较好的个人，行政管理部门和金融部门可以为其提供各种政策鼓励和支持。如此申请保障性住房时，可以优先配租/售，并且在购买保障性住房时，允许其提取公积金作为首付款或在公积金贷款利率上给予优惠。将激励因素融入保障性住房领域，不仅可以节约政府的行政成本，还可以激励低收入群体主动向社会上层流动。

此外，根据住房保障对象的诚信等级实施分级动态监管，对诚信等级高的保障对象减少监管频次，重点对诚信等级低的保障对象进行监管。提高政府部门在保障性住房申请、使用和退出环节监管工作的针对性和有效性。进而突出监管重点，降低监管成本，提高监管效率。

从近期看，评价结果主要在住房保障领域进行运用，保障对象诚信得分高低将直接影响其在住房领域的活动。从远期看，如果与社会信用体系对接，评估结果还可以作为个人信用信息的征信来源，并给其他行业的诚信评价提供信用参考，以进一步完善我国个人信用评价体系。

五、诚信保障及支撑体系

因诚信评价涉及信息采集、管理、诚信评价、监管等环节，应设立相应机构并进行职责划分：

信息采集、管理以及评价标准制定：在住房管理部门内部成立住房保障对象诚信信息中心，由其负责制定信息采集、数据库管理，制定诚信评价体系相关指标、扣分标准以及诚信等级的划分。

诚信评价：在初期阶段，由政府住房保障相关部门制定诚信评价的基本原则和评价指标体系，委托市场化的评级机构进行评价。在后期阶段，随着评级机构的发展，以及地方诚信需求的差异，诚信评价的标准、规则以及诚信等级划分均交给评级机构完成，政府只是对评价的基本范围和原则进行界定，通过市场竞争优化评价指标体系。

监管：由住房保障部门、行业协会共同组成诚信评价监管委员会，负责对保障对象诚信信息征集、评估机构进行监管。保证信息采集的规范，评级的科学、客观、公正。

规划、组织和协调：由住建部住房保障司负责住房保障对象诚信评价体系建设的统筹规划和组织协调，包括制定总体规划，提出工作目标，协调相关工作。各相关部门、各地方建立相应的组织协调机制，并按照规划的要求，制定相关制度，根据职能分工推进。

除设立相关机构并明确责任外，为保障信用评价体系的实施，还需要从完善信用法律体系，强化政策支撑，健全指标体系运用的硬环境和软环境等方面进行设计。

通过建立住房保障对象诚信评价机制，达到以下目标：第一，解决保障对象在申请、使用和退出环节存在的各种问题；第二，解决现有住房保障对象诚信评价现有措施的高成本和低效性问题，降低政府各项成本，提高其效率；第三，与个人社会信用体系对接，实现信息的互联互通。

第六章　住房保障对象诚信评价指标体系设计

第一节　评价指标选取

一、指标选取的原则

系统性原则。由于诚信评价考察内容涉及保障性住房从申请到退出的各个环节，具有多样性和复杂性特点，因此，评价指标体系的设计要符合系统论观点，各个指标之间既要互相联系、相互作用，又要有明显的层次性，使之构成一个能科学、客观反映评价对象诚信状况的有机整体。

全面性原则。被评价对象的诚信状况是多种因素、多个环节综合影响和决定的。因此，诚信指标体系要涵盖评价对象在保障性住房申请到退出环节诚信特征的方方面面，只有这样才能达到综合评价的目的。

可比性原则。尽量选取通用的评价指标，采用统一的评价标准，便于评价结果在城市间、区域间甚至全国范围内的比较，便于实现评价的纵向、横向可比，并减少了评价工作中的人为影响。

可获得性原则。选取的评价指标在符合评价目的的时候，还要兼顾数据的可获得性。如果指标数据难以获取，那建立的评价指标体系仅限于理论研究，评价结果可能会偏离评价目标。

二、指标筛选依据

（一）所选取的指标要包含所有的不诚信行为

其全面收集和分析了我国北京、天津、上海、重庆、广州、昆明、兰州、武汉、秦皇岛、铜陵、睢宁、湘阴等25个市县关于住房保障的政策规定，从这些政策规定中抽离出关于住房保障对象违反规定的所有条款，并梳理出住房保障对象所有的不诚信行为，初步形成住房保障对象诚信评价指标体系。（指标筛选具体过程见附录一）

（二）根据调研情况对指标进行筛选，剔除或修改不符合实际的指标

我们曾经对北京市保障性住房投资建设中心、海淀区房管局、北下关街道，天津市区国土资源和房屋管理局、河北区住房保障部门，铜陵市住房和城乡建设委员会，湘阴县房地产管理局等地进行了调研，根据调研结果，对指标进行了合并、修正。如在调研中了解到欠缴租金问题，就会有恶意和非恶意之分，因此就要对“欠缴租金”这一指标进行修正，可改为“累计欠缴达x个月”或“连续x次欠缴租金”。

（三）通过专家咨询，对指标体系进行进一步修正

就指标体系设计咨询了住建部住宅产业化中心规划处、中联环设计公司保障房产业化中心、中国经济体制改革研究会等相关领域的专家，专家从不同视角提出了修改意见，如有专家提到“无正当理由不签订购/租房合同或者未在规定时间办理入住手续的”“签订购/租房合同后，无正当理由又放弃购/租房的”两项指标中应对无正当理由进行明示。因为自住型商品房有大量弃购现象，原因是用户购房时不知道房子的朝向、户型等重要信息，这种理由算不算正当理由？因此，综合专家意见，对指标体系进行了进一步补充和完善。

三、评价指标体系筛选过程

首先，根据各地市住房保障相关政策规定梳理不诚信行为，形成初步的诚信

评价指标体系，有 71 个指标。其次，综合调研中地方工作人员、住房保障对象的意见，对指标进行了删减、合并，使指标体系条理更清晰，而且更加符合地方的实际工作。经过调整，指标体系调整为 6 个一级指标，16 个二级指标。最后，就指标体系设计问题咨询经济、社会、住房等领域的专家，综合专家意见，对指标体系再次进行调整，最后调整为 6 个一级指标和 17 个二级指标。

第二节　评价指标体系设计

城镇住房保障对象诚信评价指标体系的核心是建立一套保障对象认可的指标体系，该指标体系应该反映保障对象在保障性住房申请、使用、轮候、退出等环节存在的问题，如表 6–2–1 所示。

根据评价指标体系选取的依据和选取流程，我们设计出了城镇住房保障对象诚信评价指标体系，该指标体系由 6 个一级指标、17 个二级指标构成，包含了保障性住房申请、轮候、使用、退出的各个环节。具体指标如下：

申请环节：

（1）不如实申报相关情况或伪造相关证明

①不如实申报家庭人口、户籍、婚姻、收入、住房、资产等情况，骗取保障性住房或租金补贴的。

②申请对象伪造或提供无效、不实人口、户籍、婚姻、收入、住房、资产、交纳社会保险等证明材料的。

（2）相关情况发生变化后不及时申报

①家庭人口、户籍、收入、婚姻、住房、资产等情况发生变化，不在规定时间内告知住房保障管理部门的。

轮候环节：

（3）取得购 / 租房资格后又放弃的

①无正当理由不签订购 / 租房合同或者未在规定时间办理入住手续的。

②签订购 / 租房合同后，无正当理由又放弃购 / 租房的。

使用环节：

（4）入住后未按规定使用住房

①无正当理由连续3个月以上未在承租住房内居住的。

②擅自出租、转租、出借、调换、赠与、出售保障性住房的。

③破坏承租的保障性住房以及配套设施设备，拒不恢复原状的。

④改变保障性住房用途的。

⑤在保障性住房内从事违法活动的。

（5）入住后未按规定交纳相关费用

①累计2个月未按照合同约定交纳租金的。

②累计2个月没有交纳物业管理或采暖费等其他相关费用的。

退出环节：

（6）拒不退出

①被住房保障行政管理部门取消备案资格仍继续居住的。

②合同期满，未按合同提出续租申请，拒不腾退保障性住房的。

③合同期满，不符合条件的在过渡期届满后拒不退出的。

④承租人购买、受赠、继承或者租赁其他住房后，拒不退出的。

⑤其他违反法律法规规定及租赁合同行为的。

表 6-2-1　住房保障对象诚信评价指标体系

	一级指标	二级指标
申请环节	1. 不如实申报相关情况或伪造相关证明	（1）不如实申报家庭人口、户籍、婚姻、收入、住房、资产等情况，骗取保障性住房或租金补贴的
		（2）申请对象伪造或提供无效、不实人口、户籍、婚姻、收入、住房、资产、交纳社会保险等证明材料的
	2. 相关情况发生变化后不及时申报	（1）家庭人口、户籍、收入、婚姻、住房、资产等情况发生变化，不在规定时间内告知住房保障管理部门的
轮候环节	3. 取得购 / 租房资格后又放弃的	（1）无正当理由不签订购 / 租房合同或者未在规定时间办理入住手续的
		（2）签订购 / 租房合同后，无正当理由又放弃购 / 租房的

续表

	一级指标	二级指标
使用环节	4. 入住后未按规定使用住房	（1）无正当理由连续 3 个月以上未在承租住房内居住的
		（2）擅自出租、转租、出借、调换、赠与、出售保障性住房
		（3）破坏承租的保障性住房以及配套设施设备，拒不恢复原状的
		（4）改变保障性住房用途的
		（5）在保障性住房内从事违法活动的
	5. 入住后未按规定交纳相关费用	（1）累计 2 个月未按照合同约定交纳租金的
		（2）累计 2 个月没有交纳物业管理或采暖费等其他相关费用的
退出环节	6. 拒不退出	（1）被住房保障行政管理部门取消备案资格仍继续居住的
		（2）合同期满，未按合同提出续租申请，拒不腾退保障性住房的
		（3）合同期满，不符合条件又在过渡期届满后拒不退出的
		（4）承租人购买、受赠、继承或者租赁其他住房后，拒不退出的
		（5）其他违反法律、法规规定及租赁合同行为的

第三节 评价指标赋值

一、评价指标赋值考虑的因素

破坏住房保障性政策的严重程度。评价指标赋值时首先要考虑的因素就是对住房保障政策破坏的严重程度。按照政策规定，保障性住房只能出租或出售给中低收入家庭，目的也是解决这部分群体的住房问题。因此，一旦因为收入核查不严等问题导致保障性住房被高收入家庭购买或租用，就挤出了本该获得保障性住房的中低收入群体，破坏了政策的初衷，影响了保障性住房的公平分配。所以，对保障性住房政策破坏的程度越严重，分值应该越高。反之越低。

影响公平分配的程度。公平分配是关系保障性住房成败的“生命线”，由于准入条件审核不严，管理部门工作人员以权谋私等行为，出现了高收入群体享受保障性住房的现象，造成分配的不公，保障性住房成为某些人获利的工具。从指标来看，越是影响公平分配的指标，赋值应该越高。反之越低。

非法获益的大小。保障性住房领域内存在的骗租、骗购、非法转租、转售等现象，根本原因是受利益的驱动，根本目的是追求保障性住房购买或租赁价格与市场价格的差价，获取非法收益。从赋值来看，非法获益越大，赋值应该越高。反之越低。

对房屋管理带来的难度以及政府成本的增加程度。在保障性住房使用环节，存在欠缴租金、非法转租、破坏保障性住房用途等现象，这给保障性住房管理工作带来很大难度，增加了政府在核查等方面的成本支出。所以，从分值设置来看，如果给房屋管理带来了难度，也增加了政府的成本支出，赋值就应该高。反之，就应该低。

二、评价指标赋值过程

首先，借鉴广州市保障性住房小区管理扣分办法、香港屋邨管理扣分制办法确定诚信评价指标分值设置。广州市办法中分值设置为 3 分、5 分、7 分、20 分四个档，分别对应轻微、较严重、严重、非常严重违规行为四个档。香港办法中违规者按其行为的严重性被扣 3 分、5 分、7 分和 15 分。综合两地经验，我们将诚信评价指标体系分值初步设为 3 分、5 分、7 分、15 分四个档，分别对应不诚信行为的轻微、较严重、严重和非常严重。

其次，将 17 个二级指标按照严重程度进行分类，形成评价指标体系的初步分值。主要依据是评价指标赋值考虑的因素。

最后，根据调研中地方工作人员、住房保障对象反馈的意见以及专家反馈的意见对分值进行调整，使每项指标的分值能更真实地反映其影响严重程度。

三、评价指标分值的确定

评价指标的分值是不诚信行为严重程度的反映。按照上述赋值需要考虑的因素，不诚信行为越严重的指标，分值越高。反之，分值就越低。我们主要采用专家咨询法、调研法、经验借鉴法等综合方法确定每项指标的最后分值。各指标的分值如下表 6–3–1 所示：

表 6–3–1　诚信评价指标体系中指标赋值结果

	一级指标	二级指标	分值
申请环节	1. 不如实申报相关情况或伪造相关证明	（1）不如实申报家庭人口、户籍、婚姻、收入、住房、资产等情况，骗取保障性住房或租金补贴的	7
		（2）申请对象伪造或提供无效、不实人口、户籍、婚姻、收入、住房、资产、交纳社会保险等证明材料的	7
	2. 相关情况发生变化后不及时申报	（1）家庭人口、户籍、收入、婚姻、住房、资产等情况发生变化，不在规定时间内告知住房保障管理部门的	5
轮候环节	3. 取得购 / 租房资格后又放弃的	（1）无正当理由不签订购 / 租房合同或者未在规定时间办理入住手续的	3
		（2）签订购 / 租房合同后，无正当理由又放弃购 / 租房的	3
使用环节	4. 入住后未按规定使用住房	（1）无正当理由连续 3 个月以上未在承租住房内居住的	15
		（2）擅自出租、转租、出借、调换、赠与、出售保障性住房的	7
		（3）破坏承租的保障性住房以及配套设施设备，拒不恢复原状的	7
		（4）改变保障性住房用途的	5
		（5）在保障性住房内从事违法活动的	15
	5. 入住后未按规定交纳相关费用	（1）累计 2 个月未按照合同约定交纳租金的	3
		（2）累计 2 个月没有交纳物业管理或采暖费等其他相关费用的	3

续表

	一级指标	二级指标	分值
退出环节	6. 拒不退出	（1）被住房保障行政管理部门取消备案资格仍继续居住的	5
		（2）合同期满，未按合同提出续租申请，拒不腾退保障性住房的	5
		（3）合同期满，不符合条件又在过渡期届满后拒不退出的	7
		（4）承租人购买、受赠、继承或者租赁其他住房后，拒不退出的	15
		（5）其他违反法律、法规规定及租赁合同行为的	15

第四节　评价方法的确定

一、诚信评价的经典方法

信用评价的方法有很多，既有简单易懂的基础计分法和不良信用扣分法，也有一些现代的评价方法。下面重点介绍主成分分析法、因子分析法、变量类聚分析法、数据包络分析法、人工神经网络评价法。

（一）主成分分析法、因子分析法、变量类聚分析法

这三种统计方法主要是用来减少变量数目的统计技术，它们的理论基础和实际应用非常类似，因此放在一起加以介绍。

在数据分析和模型开发中，数据集合中往往包含着几百个甚至上千个潜在的、具备一定预测力的变量，如果对这些变量逐个进行分析，将耗费巨大的时间和精力，而所得的边际效果却很小，因为许多变量之间存在高度的相关性，反映潜在的共同信息维度。这些潜在的共同信息维度在主成分分析中叫“主成分”，在因子分析中叫“因子”，在变量类聚分析中叫“类聚”，尽管这些术语所蕴含的统计

学定义有细微的差别，但它们都很类似，反映同一信息维度的诸多变量有很强的相关性，它们都反映潜在的不可观察到的共同因素。由于同一维度的变量所包含的信息是高度重叠的，所以可以用一个变量来代表该信息维度而不会损失过多有用的信息。

选择代表变量的标准是该变量与其所属的信息维度尽可能地高度相关，而与其他信息维度尽可能低度相关。信息维度的多少可以由统计程序根据一定统计指标自动决定，也可以由分析人员根据实际需要主观地决定。信息维度过多，则损失的信息量少，但保留的变量数目可能过多，从而不能充分达到减少变量、节约时间和精力的目的；信息维度过少，则保留的变量数目较少，有效地节约了时间和精力，但损失的信息量可能过多。所以，信息维度的数量，必须是这两方面的平衡。一般来说，对代表变量的选择，往往是统计指标和分析人员的经验相结合的结果。

这三种方法的优点，一是能迅速地从大量的候选变量中选择有限数目的变量代表，大量降低了分析和模型所需的时间和精力；二是能在极大程度上保留有用的信息；三是降低了模型最终候选变量的相关性，从而提高模型的“抗震荡性”和稳定性。

（二）数据包络分析法

数据包络分析（Data Envelopment Analysis，DEA）应用数学规划模型计算比较决策单元之间的相对效率，对评价对象做出评价。

数据包络分析通常应用是针对一组给定的决策单元，选定一组输入、输出的评价指标，求所关心的特定决策单元的有效性系数，以此来评价决策单元的优劣，即被评价单元相对于给定的那组决策单元中的相对有效性。也就是说，通过输入和输出数据的综合分析，数据包络分析可以得出每个决策单元综合效率的数量指标。据此将各决策单元定级排队，确定有效的决策单元，并可给出其他决策单元非有效的原因和程度。

数据包络分析一般包括六个步骤：明确目的、选择决策单元、建立输入/输出评价指标体系、收集和整理数据、数据包络分析模型的选择与计算、评价结果分析。具体步骤见下图 6-4-1：

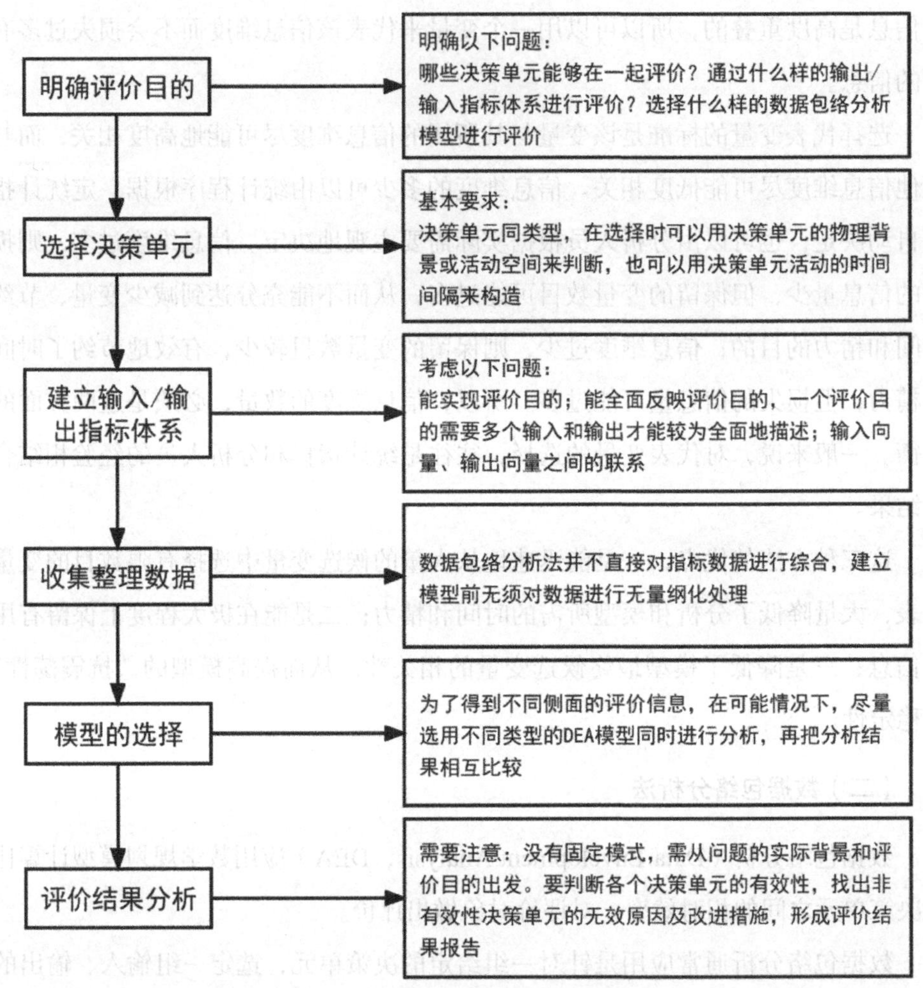

图 6-4-1　数据包络分析法步骤

（三）人工神经网络评价法

人工神经网络是模仿生物神经网络功能的一种经验模型，输入和输出之间的变换关系一般是非线性的，如图 6-4-1 所示。首先根据输入的信息建立神经元，通过学习规则或自组织等过程建立相应的非线性数学模型，并不断进行修正，使输出结果与实际值之间差距不断缩小。

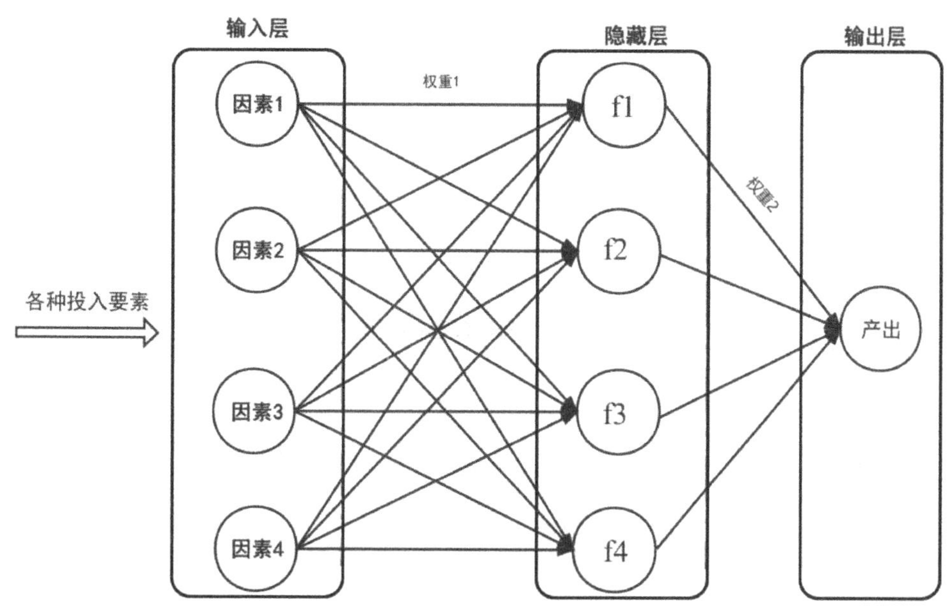

图 6-4-2 神经网络模型

神经网络系统是由一系列的神经元组成，这些神经元由许多带有方向性的、代表一定加权比重的神经链连接起来，每个神经元代表基本的信息加工单位，每个神经链代表一定的加权比重，神经网络内部复杂的神经元和神经链系统，代表着复杂的数学函数关系，通过神经网络系统内部的信息加工和加权比重分配，最终计算得到产出（模型评分）。神经网络系统分析法一般步骤如下图 6-4-3 所示。

神经元是神经网络系统中的基本信息加工单位，每个神经元可以从外界获得投入要素（数据或变量），也可以从其他神经元获得投入要素（加权比重函数），然后对投入要素进行汇总和再加工，从而得到产出（新的加权比重函数），该产出通过神经链成为其他神经元的投入要素。单个神经元的信息加工流程如下图 6-4-4 所示，其中，X_1—X_n 代表该神经元的投入要素，W_1—W_n 代表相应的加权比重，Σ 代表对投入要素信息的汇总，f（ ）是该神经元的加权比重函数，Y 是该神经元的产出。神经网络系统就是由一系列神经元所代表的复杂函数关系构成的①。

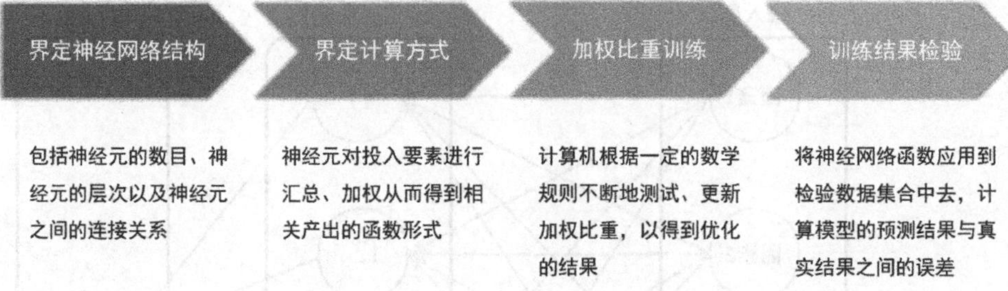

图 6-4-3　神经网络系统分析的步骤

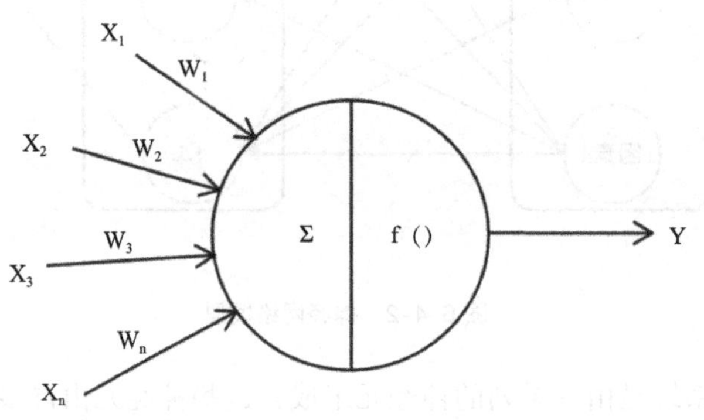

图 6-4-4　神经元信息加工流程图

然后，对训练结果进行检验，即把从训练数据集合中得到的优化神经网络函数应用到一个新的检验数据集合中去，计算模型的预测结果与真实结果之间的误差，如果较小，说明模型的稳定性和抗震荡性较强，反之则说明模型可能过分微调于训练样本而不能有效地普及。由于神经网络模型是一种机器学习的产物，比较容易犯过分微调的错误，因此检验是很重要的一步。

人工神经网络评价法在诚信评价中具有其他方法无法比拟的优点：第一，它主要根据所提供的数据，通过学习和训练，找出输入与输出之间的内在联系，从

① 陈建．信用评分模型技术与应用 [M]. 北京：中国财政经济出版社，2005.

而求取问题的解，而不是完全依据对问题的经验知识和规则，因而具有自适应功能；第二，能够处理那些有噪声或不完全的数据，具有泛化功能和很强的容错能力；第三，由于实际诚信评价往往是非常复杂的，各个因素之间相互影响，呈现出复杂的非线性关系，人工神经网络为处理这类非线性问题提供了强有力的工具。

二、评价方法的选择

诚信评价的方法有综合评价法、基础记分法和不良信用扣分法，还有运用数学模型进行的评价方法，考虑到研究性和应用性兼具的特点，研究成果可能会运用到住房保障的实际工作中，所以方法选择上，在坚持科学合理的前提下，结合调研中专家、相关部门人员反馈的意见，采取基础计分法和不良信用扣分法的评价方法。

该方法简单易懂、好操作，从相关部门工作人员角度看，比较容易理解和操作该方法，在实际工作中简单可行；从政府角度看，如果采用该方法，增加的硬件投入、人员培训、方法说明宣传等方面的投入相对较少，有利于成本节约；从保障对象角度看，该方法简单易懂，能较好地理解该方法的评价过程，在实施过程中遇到的来自保障对象的阻力可能相对较小。基础计分法和不良信用扣分法具体设计如下：

每个申请对象的诚信基础分均为 100 分，根据扣分标准，出现不诚信行为后扣除相应的分数。诚信基础分 100 分减去评价周期内所扣除的分数即为保障对象的诚信总分。

按照评价标准将评分结果分级，住房保障对象诚信评价总分得分越高，诚信水平越高，信用风险越小。反之，得分越低，诚信水平越低，信用风险越大。根据住房保障对象的得分，建议分为四个等级，从 A 到 D 诚信等级和诚信水平依次降低。

A（95 ~ 100 分）：诚实守信，严格遵守保障性住房在申请、使用和退出的各种管理规定，具有模范作用。

B（80 ~ 94 分）：在保障性住房申请、使用和退出环节中需要进一步约束自己的行为，做到诚实守信。

C（60~79分）：在保障性住房申请、使用和退出环节中经常有不诚信行为发生。

D（<60分）：在保障性住房申请、使用和退出环节中不能做到诚实守信，情节严重。

三、需要说明的问题

评价指标体系是在不考虑地方差异的情况下进行的设计，对全国各地来说是通用的。如果考虑地方实际情况的差异，在对住房保障对象进行评价时，各地可以选择是否在此基础上进行指标的细分，在评价方法和评价等级设置上可以结合地方实际情况，选择适合本地的评价方法、评价等级以及奖惩措施。本书提供的评价方法、评价等级可以作为参考。

第一，关于评价指标体系的设计。在设计评价指标体系时，没有考虑地方城市在保障性住房供需结构、存在的问题等方面的差异，抽取的是各地住房保障方面的共性，选取的指标是分类总括后的共性指标，指标层级也是到二级指标，没有进行再次细分。所以该指标体系是反映全国保障性住房情况的一个共性指标体系，不体现地方城市差异。

第二，关于评价方法和等级设计。书中选取的基础计分法和不良信用计分法，是从方法的科学性和难易程度，政府是否需要增加额外的成本投入、保障对象是否容易理解等几方面考虑的，可以给各地作为参考，但不是唯一标准，地方可以根据实际情况选择其他适合本地的评价方法。评价等级设计也是如此，等级划分，各等级分数段的划分地方，要考虑本地保障性住房领域的不诚信行为情况来确定。

第三，关于指标的赋值。指标赋值时也没有考虑到地方差异，各地也可以结合本地各种不诚信行为发生的频率、严重程度等因素以确定最后的分值。

第四，关于奖惩、监管措施的设计。在调研中了解到，各地保障性住房建设、管理、惩罚等方面的差异较大，所以奖惩措施、监管措施的设计最好能结合本地实际，这样才能使措施具有针对性，才能使诚信评价发挥有效的作用。

第五，关于信息采集、评价程序等内容。各地根据实际情况，可以出台关于住房保障对象诚信评价的指导意见，对诚信信息采集、评价程序、评价主体、评价方法、等级划分等内容进行详细规定。

第七章　住房保障对象诚信评价指标体系试评价

第一节　调研获取的数据测试

为了保证评价指标体系的科学性，选择了 X 县进行调研并进行了数据采集，最终获得了 X 县 2014 年廉租住房保障家庭不符合条件数据 194 条。

按照《X 县廉租住房保障实施细则》《X 县廉租住房申请审核分配及退出管理办法》，申请廉租住房家庭应当同时具备下列条件：

（1）申请家庭必须具有当地非农业常住户口 1 年以上，且长期在当地工作、生活或居住，家庭成员之间应具有法定赡养、法定赡养、扶养或抚养关系；申请人为申请家庭户主，家庭户主以户口本记载为准。

（2）申请家庭人均收入低于 650 元 / 月。

（3）申请家庭必须符合下列住房困难条件之一：

①无自有住房，现按市场租金标准租住房屋或寄住在直系、非直系亲属家庭的。

②拥有私有住房和承租公有住房，但人均住房面积低于 13 平方米或 3 人以上家庭住房面积低于 40 平方米的。

当年 X 县廉租房申请人 485 人，其中 194 人存在不诚信行为，占申请人数的 40%。根据 X 县 2014 年廉租住房保障家庭不符合条件名单数据显示，X 县廉租住房保障对象的不诚信行为主要有下列五种类型，如表 7–1–1 所示：

表 7-1-1 X 县廉租住房保障对象不诚信行为分类

不诚信行为类型	占比	具体表现
一是收入条件不符合标准，主要是瞒报收入	28.87%	有的保障对象从事个体经营、开货车、打工等所得收入超过规定标准；有的保障对象有退休工资导致收入超过规定标准；有的有公积金；有的有拆迁款
二是住房条件不符合标准，主要是瞒报住房	25.77%	有的保障对象有安置房、有的已经申请到经济适用房或公租房、有的直系亲属有房、有的有门面房、有的有自建的私房、有的买了二手房等
三是家庭人口数不符合标准，主要表现在虚报人口	12.37%	户籍不在当地、取得当地户口不满一年、户口已经迁出或正在服刑的计算家庭成员数时仍计算在内、有的人有两个户口
四是申请人家庭有机动车，主要表现在瞒报家庭财产	5.67%	有的家庭有小轿车、有的有小型客车、有的有货车
五是其他情况	27.32%	欺骗调查人员、不接听电话联系不到本人、本人不在家或在外地居住、全家人都在外地等

2014 年 X 县廉租房申请人共 485 人，根据评价指标体系分值设置标准、评价方法测试得出，95—100 分段 343 人，占 70.7%；80—94 分段 142 人，占 29.3%；60—79 分段 0 人，60 分以下 0 人。

第二节 网上获取的数据分析

单一地域的测试并不能全面反映评价指标的科学性，因此又从网上获取了部分数据，作为对调研数据的补充。

截至 2014 年底，陕西省处理保障性住房骗租、骗购 1344 起，占保障性住房总量的 0.5%。不诚信行为主要是隐瞒工作单位和收入，隐瞒家庭收入和住房状况。

截至 2011 年 8 月，北京清退了 5300 户、上海清退了 2645 户、洛阳清退了 2077 户骗租骗购家庭的保障资格。不诚信行为主要体现在提供虚假资料，如隐瞒家庭收入、住房等，以及伪造证明。

广州市2012年7月和9月，分别推出了4675套廉租住房、5050套经济适用住房。经复核，有507户家庭被取消资格，约占总申请家庭的5%。被取消资格的原因主要有两类：一类是轮候期间家庭条件发生变化，已不再符合申请条件，两类保障性住房共有236户家庭属于此种情况；另一类是提交的申报条件与核实的情况不符，属于虚报、瞒报情形，两类保障性住房共有271户家庭属于此种情况。

从网上获取数据结果表明，住房保障对象不诚信行为主要包括隐瞒收入、住房情况，提供虚假材料，家庭状况发生变化不及时汇报等情况，与实际调查情况和前期分析情况基本一致，评价指标体系设计的指标基本涵盖了住房保障对象所发生的不诚信行为。

第三节　试评价说明与诚信评价指标体系调整

在调研中了解到，对住房保障对象失信行为记录，在全国还没有统一标准，并且目前的记录太粗，采集的数据很难与诚信评价指标体系完全契合。

虽然如此，从测试结果也可以看出，不诚信行为分类与指标体系设计基本一致。但是在评价指标分值设置上需要进行调整。理由如下：

第一，保障对象的不诚信行为在申请环节主要表现为瞒报收入、资产、虚报人口等，与研究结果一致。申请环节是进入保障性住房领域的关键环节，必须提高这一环节的失信成本，才能有效遏制骗租、骗购现象。第二，原指标体系申请环节指标分值设置过低，不能真实反映不诚信行为的严重程度。

因此，把申请环节的（1）不如实申报家庭人口、户籍、婚姻、收入、住房、资产等情况，骗取保障性住房或租金补贴的，（2）申请对象伪造或提供无效、不实人口、户籍、婚姻、收入、住房、资产、交纳社会保险等证明材料的两个评价指标分值由7分改为15分。调整后的评价指标赋值结果如下表7-3-1所示。

表 7-3-1 诚信评价指标体系中指标赋值结果

	一级指标	二级指标	分值
申请环节	1. 不如实申报相关情况或伪造相关证明	（1）不如实申报家庭人口、户籍、婚姻、收入、住房、资产等情况，骗取保障性住房或租金补贴的	15
		（2）申请对象伪造或提供无效、不实人口、户籍、婚姻、收入、住房、资产、交纳社会保险等证明材料的	15
	2. 相关情况发生变化后不及时申报	（1）家庭人口、户籍、收入、婚姻、住房、资产等情况发生变化，不在规定时间内告知住房保障管理部门的	5
轮候环节	3. 取得购 / 租房资格后又放弃的	（1）无正当理由不签订购 / 租房合同或者未在规定时间办理入住手续的	3
		（2）签订购 / 租房合同后，无正当理由又放弃购 / 租房的	3
使用环节	4. 入住后未按规定使用住房	（1）无正当理由连续 3 个月以上未在承租住房内居住的	15
		（2）擅自出租、转租、出借、调换、赠与、出售保障性住房	7
		（3）破坏承租的保障性住房以及配套设施设备，拒不恢复原状的	7
		（4）改变保障性住房用途的	5
		（5）在保障性住房内从事违法活动的	15
	5. 入住后未按规定交纳相关费用	（1）累计 2 个月未按照合同约定交纳租金的	3
		（2）累计 2 个月没有交纳物业管理或采暖费等其他相关费用的	3
退出环节	6. 拒不退出	（1）被住房保障行政管理部门取消备案资格仍继续居住的	5
		（2）合同期满，未按合同提出续租申请，拒不腾退保障性住房的	5
		（3）合同期满，不符合条件又在过渡期届满后拒不退出的	7
		（4）承租人购买、受赠、继承或者租赁其他住房后，拒不退出的	15
		（5）其他违反法律、法规规定及租赁合同行为的	15

值得说明的一点是，由于全国住房保障对象不良信用记录的不完善以及研究周期的限制，不能采集到动态数据，即保障对象从申请、轮候、使用、入住、退出等环节的数据，试评价结果仅能对申请环节指标进行测试，其他环节指标的测试还需要对保障对象进行动态监测，采集动态数据进行精准测试。

第八章　住房保障对象诚信评价指标体系运用

诚信评价指标体系可以在保障性住房申请审核、轮候、使用管理、退出管理等环节运用，有效减少各环节存在的问题。

第一节　住房保障对象诚信评价的作用

住房保障对象诚信评价的结果，能较好反映住房保障领域存在的问题，对住房保障对象进行诚信评价后，只有根据结果设计相应的措施才能发挥评价指标体系的作用。

第一，准确定位各环节存在的问题。住房保障对象诚信评价的过程和结果，能准确反映住房保障领域存在的问题，哪个环节存在的问题，以及问题发生的频次或者问题的严重程度，政府相关部门可以以此为参考，针对发生频次高或严重的问题，采取相应措施。

第二，设置奖惩措施改变保障对象的行为预期。根据住房保障对象诚信评价结果，对于诚信等级较差的个人，必须加大失信行为的惩处力度。对诚信等级较好的个人，则给予相应的奖励措施，激励人们进一步保持良好的信用状态。目前，在住房保障领域，对失信行为的惩罚力度较轻，只是限于经济处罚、取消住房保障资格等，没有起到处罚应有的目的。要建立合理的奖惩机制，守信予以奖励，失信给予处罚。诚信水平较低的住房保障对象，不但在住房保障领域，在其他领域也要付出失信的代价。

第三，通过分级监管措施减少政府投入，提高工作效率。目前，各省市都出台了《保障性住房管理办法》，并针对住房保障对象的监督管理进行了详细规定，天津、大连等市还出台了专门的《住房保障监督管理办法》。将各省市现行的针对住房保障对象的监管办法与住房保障对象的诚信等级挂钩，根据住房保障对象的诚信等级实施分级动态监管，提高政府部门在保障性住房申请、使用和退出环节监管工作的针对性和有效性。

第二节　评价指标体系运用条件保障

第一，地方应该建立住房保障信息化管理系统，通过与公安、住房、工商、车管、社保以及银行等的数据联网，实现数据的跨部门、跨行业信息共享，并通过专网连接全市的用户终端和银行网点，实现保障性住房申请、审批、分配、管理的联网操作运行；通过将本地的政策法规融入系统，对所有的节点进行过程监管；通过内部专用网络实现封闭运行，服务器与终端用户利用光纤专线和无线虚拟专网进行连接，同时用远程容灾技术进行备份，确保数据安全运行。

根据各地的实际情况，实现住房保障的信息化管理从硬件上看并不是很难。难点在于如何实现部门间数据的联网。按照天津、江苏等地的做法，如果政府相关部门努力，实现部门间信息联网还是有很大可能性的。

第二，建立两个数据库。即居民个人住房信息数据库和经济状况数据库。住房信息数据库链接产权产籍、商品房合同，全面核查住房的产权产籍信息、商品房合同信息、公产房使用权信息等。经济数据库链接住房公积金、社保、个税信息，比对申请对象的收入情况；同时链接车辆信息、工商注册资本、非居住类房屋等信息，核查家庭财产状况。

随着2015年3月1日我国《不动产登记暂行条例》的正式实施，全国所有城镇都要建立本地的住房信息系统，个人住房信息数据库可与此系统合并运行。

第三节　住房保障对象视角的诚信评价指标体系运用

一、奖惩并举

目前各地区对保障对象诚信行为的惩罚，仅是记入诚信档案、经济处罚、取消申请资格等（具体罚则见附录五），并没有从改变保障对象行为预期的角度制定相应的罚则。关于指标体系运用，是从奖励和惩罚两方面进行设计，对守信对象给予奖励，对失信对象给予惩罚，进而改变其行为预期，减少失信行为的发生，如表 8-3-1 所示。

表 8-3-1　奖惩措施一览表

奖励措施	惩罚措施
住建系统内部： 减少保证金 免担保人 缩短轮候期 减少或减免租金 减少或减免物业费等相关费用 退出住房时延长过渡期 优先购买保障性住房	住建系统内部： 增加保证金 增加担保人 延长轮候期 退出住房时缩短过渡期
住建系统外部： 优先提供就业培训 优先提供就业机会 子女入学优惠政策，如减免学费 购房时获得无息贷款或低息贷款	住建系统外部： 社会保障其他领域限制，如减少低保金 购买住房时提高首付比例 贷款限制，如不予贷款或提高贷款利率

保障对象要区分三种情况。第一种是符合条件还未申请保障性住房的对象，第二种是刚刚申请还未入住的保障对象，第三种是已经入住的保障对象。

针对第一种情况，评价指标体系可以直接嵌入到申请环节，一旦这些人申请保障性住房，除了根据现有的政策规定进行资格审核外，还要对其诚信水平进行评价，等于是又增加了一个保障性住房申请的前提条件。所以把评价指标体系嵌入到申请环节，能从源头把诚信等级差的申请人（也即在后续环节中可能容易产生问题的人）挡在保障性住房门外，能有效减少问题的发生。

针对第二种情况，评价指标体系的作用主要体现在对保障对象后续环节的影响，如诚信等级对其轮候期的影响、对租金或物业费的影响、对退出时间的影响。可根据诚信等级设计相应的奖惩措施，如诚信等级高的对象可缩短轮候期，减免或减少租金和物业费，该退出住房时可延长过渡期等。反之，就延长轮候期，增加租金或物业费，缩短过渡期。

针对第三种情况，评价指标体系的作用体现在使用、退出环节，以及与其生活密切联系的非住房领域。也可以设计相应的奖惩措施来改变保障对象的行为预期。如诚信等级高的保障对象，可减免或减少租金和物业费，可延长退出过渡期。除此之外，还可以优先提供就业培训机会，优先推荐对口工作等。

总之，评价指标体系的运用中，要充分发挥评价结果对其未来行为预期的影响，以及与其生活密切相关社会活动的影响，通过惩罚措施来减少其不诚信行为发生的频率，通过奖励来鼓励其继续守信。

二、分级监管

根据住房保障对象的诚信等级实施分级动态监管，对政府部门而言，评价指标体系的运用，能提高政府部门在保障性住房申请、使用和退出环节监管工作的针对性和有效性。为突出监管重点，降低监管成本，提高监管效率，根据上一次的诚信等级实行以下分类监管办法：

（1）诚信等级被评为D级的住房保障对象为重点监管对象，增加对这类对象住房、人口、收入、财产等情况、保障性住房使用、退出情况的日常监管力度和频次，并公示这些人的不诚信记录。

（2）诚信等级被评为C级的住房保障对象为次重点监管对象，增加对这类对象住房、人口、收入、财产等情况、保障性住房使用、退出情况的日常监管频次，并视情况公示这些人的不诚信记录。

（3）诚信等级被评为B级的住房保障对象，按正常监管办法和程序进行监管。

（4）诚信等级被评为A级的住房保障对象，除举报检查外，降低日常监管频次。

第九章　住房保障对象诚信评价机制的支撑系统

第一节　健全相关政策法规，使评价结果运用时有法可依

住房保障领域政策法规体系的建设，是评价指标体系在实际工作中顺利实施的关键。首先，各地应该建立《基本住房保障管理办法》，从保障性住房申请准入、使用退出、监督管理等环节完善相关制度；其次，制定各地方和各行业信息共享的指导办法，对共享信息的条件、信息提供方和需求方的责权等内容进行细化，促进信息在地方和部门间的互联互通；再次，该指标体系要顺利实施，尤其是奖惩措施的实施，必须要有相关配套措施，使得奖惩措施的实施有据可依，如可以制定住房保障对象诚信评价报告使用的若干规定，明确将使用个人诚信报告嵌入保障性住房的申请流程。此外，对社保、银行等其他领域如何使用住房保障领域内的诚信信息报告给予说明；最后，还应出台配套的《住房保障对象诚信评价指导意见》，对诚信评级机构、评估人员资质、诚信评价程序、评估人员的行为约束、评级资料保存、责罚等内容进行细化，保证诚信评价结果的客观、公正。

第二节　完善相关制度，最大限度发挥评价结果的作用

要建立鼓励守信者、处罚失信者的激励机制，特别是对失信惩戒愈严厉，失信成本愈高，对信用主体的约束愈大，信用信息发挥的作用愈大。

根据我国的国情，在社会信用管理体系尚未建成的情况下，如果单纯采取将保障对象与其他社会活动相联系的惩罚或奖励措施，可能达不到应有的效果。而且有些功能必须由各级政府和一些国有企事业单位联合作为执行机构才能实现，目前实施起来难度比较大。

我们在调研中了解到，保障对象一般是中低收入群体，买车、贷款、注册成立企业等行为一般也较少发生，如果惩罚或奖励措施是在其买车、贷款等行为上进行，这种条款设置形同虚设。真正的惩罚或奖励措施应该是与其密切相关的一些活动，或者迫切需要的一些活动。而且一些诚信行为较好的保障对象也希望政府设置一些奖励措施，以鼓励他们继续维持较好的诚信度。因此，考虑到我国的实际情况，参考国内一些典型城市的做法，结合调研情况，进行了以下奖惩措施的设计：

失信惩戒：一是诚信等级差的保障对象，在入住保障性住房前必须交纳一定数额的诚信保证金或者提供诚信担保人，减少其失信的可能性；二是诚信等级差的提高其保障性住房租金或提高其物业费；三是将其不诚信行为与最低生活保障金等与申请对象密切相关的行为相联系，使惩罚措施起到切实的作用；四是有选择地将其严重不诚信行为记录到个人征信体系；五是建立与失信惩戒相适应的司法配合体系，如罚款、监狱行刑等。

守信奖励：一是免交或少交诚信保证金，不需要提供诚信担保人；二是降低或减免其租金或物业费；三是再次申请保障性住房时优先配租或配售；四是优先参加政府提供的职业技术培训，并推荐对口工作；五是在子女教育问题上，如免学费、优先选择学校等。

第三节　发挥政府在诚信评价体系中的作用

政府在住房保障对象诚信评价体系中发挥着重要作用。政府不仅为住房保障对象的诚信建设提供法律保障，而且提供监管职能。政府主管部门应加强管理，严格规范和完善诚信评估机构的资格审查、运作方式以及对违规行为的惩处等制度措施，净化住房保障对象诚信评价环境。

为了保证诚信服务的中立、公正，政府不直接参与诚信服务机构的运行，政府的作用是建立奖惩机制，规范行业的发展。尤其是扶持和监督诚信服务行业的发展，积极推动立法等相关工作，保证政府信息的公开、共享，让有需求的人能平等地获得和使用。

发挥政府在规范诚信中介机构行为中的重要作用。政府的作用主要体现在完善诚信中介业的立法，严格执法，通过明确的市场准入退出机制，实现诚信中介机构的优胜劣汰；加强对诚信服务中介机构的监管，通过资格认证，鼓励竞争，提高诚信中介机构的评价水平。

第四节　完善评价指标体系运用的硬环境

评价指标体系实施或运用过程中，可能需要借助信息化手段，确保规范操作，高效运行，所以需要有良好的硬件环境支撑。目前，由于各地经济发展水平的差异，导致办公硬件环境标准不一，经济发展水平较高的京、津等城市的街道层级都实现了办公自动化或网上办公，但经济欠发达地区办公条件可能相对落后。虽然大部分地区现有的硬件平台能满足需要，但是部分地区仍需要在计算机配置等方面进行升级改造，为该指标体系顺利实施提供良好的硬件环境。

在操作方面，住房保障相关部门可以便利采集到需要的数据，特别是住房保障信息化系统的建设和使用，为该指标体系的使用提供了坚实的基础。使用人员稍加培训就可以掌握使用方法。

第五节　加快评价指标体系运用的软环境建设

政策法规、制度完善、思想观念、诚信评价相关机构自身的诚信等软环境对评价指标的实施也起着非常重要的作用。

首先，完善住房保障相关法律法规，建立健全奖惩制度、分级监管制度，形成良好的法律环境，为该指标的顺利实施提供保证。

其次，从政府角度应该加大对该诚信评价指标体系的宣传，让保障对象充分了解该指标体系是什么、怎么评价、评价结果对自身有什么影响，减少实施过程中的阻力。

再次，加强诚信评价机构自身的诚信建设，依据公平、公正、真实的原则，对被评价对象的信息进行审核或进行客观评价。建立诚信行业协会，辅助政府对行业进行规范和给予支持，保证诚信服务中介机构的健康发展。行业协会的主要功能在于联系本行业从业者，进行行业自律方面的建设，同时为同业者提供交流的机会和场所，替本行业争取利益。行业协会还可以举办从业执照的培训和考试，举办各种学术交流会议，发行出版物，募集资金支持诚信管理研究等。通过行业协会，进行行业自律，制定行业规则、从业标准和各种规章制度，开展诚信管理与诚信研究，提出立法建议或接受委托研究立法，协调行业与政府及各方面的关系，进行各种交流活动等。

最后，还应逐步健全社会信用体系，完善信用环境，使保障对象处于良好的信用环境中，能减少不诚信行为的发生，也为评价指标体系的实施提供良好的信用环境。

参考文献

[1] 汤腊梅．基于住房支付能力的住房保障对象的界定 [J]. 城市发展研究，2010，17（10）：41–45.

[2] 郭玉坤，杨坤．住房保障对象划分研究 [J]. 城市发展研究，2009，16（09）：15–19，36.

[3] 胡长明，杨建华，等．住房保障对象界定方法的比较研究 [J]. 工程管理学报，2014，28（02）：122–127.

[4] 谢佳慧．保障房对居民消费和就业的影响研究 [D]. 大连：东北财经大学，2018.

[5] 王向前，庞欢.《住房保障法》应当如何确定保障对象 [J]. 工会博览，2011（08）：42–44.

[6] 鲁菊，孙文建．信息不对称下保障性住房准入问题分析 [J]. 中国经贸导刊，2012（25）：55–57.

[7] 董丽晶，田源．保障性住房运行过程中的问题及对策研究 [J]. 管理现代化，2011（05）：45–47.

[8] 张旭文．哪些因素阻碍了保障性住房供给 [J]. 人民论坛，2019（21）：68–69.

[9] 刘建朝，张艳丽，王振坡，等．保障性住房后续管理绩效研究——基于天津市的问卷数据 [J]. 地域研究与开发，2019，38（03）：66–71.

[10] 刘颖春．我国保障性住房准入与退出问题及对策研究 [J]. 吉林经济管理干部学院学报，2014，28（02）：9–12.

[11] 肖伊宁，高珊．我国保障性住房退出机制：问题及对策 [J]. 山东行政学院学报，2014（08）：51–55.

[12] 吴宾，孙晓杰．保障性住房空置问题研究——以文献综述的框架 [J]. 山东农业大学学报（社会科学版）2016，18（01）：63–68，126.

[13] 张勇宁．保障性住房运营管理存在的问题与对策 [J]. 现代经济信息，2013（03）：172.

[14] 曹伊清．保障性住房后续管理问题及解决途径 [J]. 城市问题，2013（06）：62–66.

[15] 罗孝玲．保障房不诚信申请原因探析 [J]. 城市问题，2013（08）：78–82.

[16] 张坤．我国保障性住房的分配问题与对策分析 [J]. 农村经济与科技，2013，24（04）：131–132.

[17] 李万荣．保障房后期管理问题不容忽视 [J]. 中国房地产金融，2012（03）：22–25.

[18] 徐一萍．住房保障诚信申请的博弈分析 [J]. 运筹与管理，2010，19（03）：131–135.

[19] 谢宝富．在公平与效率之间寻找平衡——香港保障房政策的运行机制评析 [J]. 人民论坛 · 学术前沿，2017，（10）：74–83.

[20] 申燕飞．"三社联动"机制在保障房社区管理中的模式探讨 [J]. 改革与开放，2018，（01）：112–113.

[21] 陈平．诚信评价与诚信社会 [J]，湖南科技学院学报，2007，28（6）：57–60.

[22] 马玉珉．保障房社区网格化管理状况与反思——以南京 D 社区为例 [J]. 劳动保障世界，2020，（06）：77，81.

[23] 方永恒，张瑞．保障房退出机制存在的问题及解决途径 [J]. 城市问题，2013，（11）：79–83.

[24] 王巧．保障房物业进退机制探究——以广州市保障房小区为例 [J]. 人力资源管理，2015，（03）：196–197.

[25] 郭晓冬．保障性住房后期管理存在的问题及措施 [J]. 住宅与房地产，2019，（22）：110.

[26] 吴迪，高鹏．保障性住房违规出租问题的博弈分析和治理研究 [J]. 管理评论，2011，23（02）：3–10.

[27] 向晶，张玉华，高文书．保障性住房制度改革：进展、问题与建议 [J]. 中州学刊，2015，（07）：66–71.

[28] 张波. 大城市保障房社区公共设施配置问题研究 [J]. 上海经济，2017，(02)：53–59.

[29] 陈琳，谭建辉，吴开泽，等. 大型保障性住房社区物业管理问题实证研究——以广州市金沙洲社区为例 [J]. 城市问题，2013，(05)：2–8.

[30] 张东升，金霖. 构建保障房后期管理智慧服务平台 [J]. 中国建设信息化，2021，(05)：20–22.

[31] 牛勇平，肖红. 关于保障房建设的经济学分析 [J]. 发展研究，2017，(04)：103–106.

[32] 陈澄静，张媛媛. 老龄人诉求下保障房与公共服务设施的可达性研究——以广州市为例 [J]. 城市建筑，2020，17(01)：59–63.

[33] 叶子怡. 上海租赁型保障房现状、问题分析 [J]. 上海房地，2019，(04)：2–6.

[34] 郝飞，闫琪琼. 我国保障房违规转租的博弈与治理机制研究 [J]. 资源开发与市场，2020，36(03)：278–282.

[35] 马姗伊，娄慧娟. 我国保障性住房的监管问题研究 [J]. 劳动保障世界，2016，(33)：19–20.

[36] 邹涛. 香港大型保障房住区建设经验及对上海的启示 [J]. 住宅产业，2019，(07)：68–71.

[37] 艾建国，陈泓冰，鲁璐. 保障房退出机制研究 [J]. 中州学刊，2012，(02)：76–80.

[38] 胡川宁. 住房保障法律制度研究 [D]. 重庆：西南政法大学博士论文，2014.

[39] 王启富，史斌，谢国光. 当前保障性住房建设与管理存在的问题及对策 [J]. 宁波经济（三江论坛），2011，(11)：30–33.

[40] 张沈生，申浩月，曹阳. 沈阳市保障性住房分配监管问题研究 [J]. 沈阳建筑大学学报（社会科学版），2015，17(01)：74–78.

[41] 赵锐. 我国社会信用体系建设的探讨——剖析、借鉴德国 SCHUFA 的社会信用体系 [J]. 电子政务，2017(4)：84–93.

[42] 宁清同. 论诚实信用原则的经济基础 [J]. 黑龙江社会科学，2009(01)：161–165.

[43] 王海燕. 我国社会信用危机的法经济学分析 [J]. 征信，2010，28（06）：9–12.
[44] 冯春晓. 关于德国社会信用体系建设模式的若干思考 [J]. 北方经济，2014（8）：77–79.
[45] 王丽颖. 重复博弈：信用合作的逻辑路径选择 [D]. 长春：吉林大学，2005.
[46] 曾小平. 美国社会信用体系研究 [D]. 长春：吉林大学，2011.
[47] 徐宪平. 关于美国信用体系的研究与思考 [J]. 管理世界，2006（05）：1–9.
[48] 何建奎，岳慧霞. 美国个人信用体系范式及其对我国的借鉴 [J]. 财经问题研究，2004（11）：48–51.
[49] 曾宪久. 赴美国参加个人征信系统考察的情况报告 [J]. 西南金融，2002（12）：52–54.
[50] 陈文玲. 美国信用体系的构架及其特点——关于美国信用体系的考察报告（一）[J]. 南京经济学院学报，2003（01）：1–8.
[51] 曾小平. 美、德、日信用体系比较分析 [D]. 长春：吉林大学，2004.
[52] 廖勇刚. 德国社会信用体系建设对我国的启示 [J]. 青海金融，2009（04）：52–54.
[53] 彭鹏. 中国信用制度研究 [D]. 咸阳：西北农林科技大学，2006.
[54] 彭鹏，罗剑朝. 中国信用制度设计的博弈分析 [J]. 西安电子科技大学学报（社会科学版），2006（05）：1–6.
[55] 沈洁，谢嗣胜. 公共租赁住房融资模式研究 [J]. 经济问题探索，2011（01）：87–93.
[56] 周望. 世界各国构建住房保障体系的基本模式和经验归纳 [J]. 当代世界，2010（09）：61–62.
[57] 张祚，刘艳中，陈彪，朱清. 新加坡公共住房分配体系研究 [J]. 华东经济管理，2011，25（07）：126–130.
[58] 杨晔. 新加坡住房制度研究 [D]. 天津：天津师范大学，2012.
[59] 刘静. 独立后的新加坡住房政策体系研究 [D]. 南京：南京大学，2012.
[60] 刘肖原. 我国社会信用体系建设问题研究 [M]. 北京：知识产权出版社，2016.

[61] 段林. 住房保障制度的国际比较与经验借鉴 [D]. 长沙：湖南大学，2012.
[62] 吴雅琴. 我国中小企业社会信用体系建设研究 [J]. 中外企业家，2013（08）：31–32.
[63] 焦国成. 中国社会信用体系建设的理论与实践 [M]. 北京：中国人民大学出版社，2009.
[64] 张卫，成婧. 协同治理：中国社会信用体系建设的模式选择 [J]. 南京社会科学，2012（11）：86–90.
[65] 陈洪隽. 我国社会信用建设的回顾、问题、展望 [J]. 中国集体经济，2003（02）：18–22.
[66] 迟铁. 转型时期中国信用制度安排研究 [D]. 长春：吉林大学，2009.
[67] 卢卫，雷鸣. 天津市保障性住房发展的问题与思考 [J]. 城市，2009（09）：57–59.
[68] 赵志凌. 上海、浙江、深圳社会信用体系建设模式及其启示 [J]. 现代经济探讨，2007（10）：45–49.
[69] 罗应光，向春玲. 住有所居：中国保障性住房建设的理论与实践 [M]. 北京：中共中央党校出版社，2011.
[70] 张铁薇，刘旭杰. 信用调解：营商环境优化驱动化解债务纠纷对策研究 [J]. 北方论丛，2021（06）：78–90.
[71] 葛泽慧，于艾琳. 博弈论入门 [M]. 北京：清华大学出版社，2018.
[72] 厦门国信信用大数据创新研究院 . 信用蓝皮书 [M]. 北京：中国市场出版社，2021.
[73] 黎民，陈峙臻. 保障房供给中的“负保障”现象及其消除——兼议我国“十二五”期间的保障房供给 [J]. 武汉大学学报（社会科学版），2012（01）：113–117.
[74] 巴曙松，牛播坤，杨现领. 保障房制度建设：国际经验及中国的政策选择 [J]. 财政研究，2011（12）：16–19.
[75] 金俭，朱颂，李祎恒. 论保障性住房建设中的政府法律责任 [J]. 现代城市研究，2010（09）：32–35.
[76] 孙鼎，田晨光，宋家宁. 国外保障性住房供应机制：一个研究综述 [J]. 郑州

大学学报（哲学社会科学版），2010，43（04）：156-159.
[77] 谭禹．多中心治理理论与保障性住房的多元供给 [J]. 城市问题，2012（12）：63-67.
[78] 肖玉霞．加强我国社会信用体系建设的思考 [J]. 征信，2012，30（02）：41-44.
[79] 陈国权，付旋．公共政策的非公共化：寻租的影响 [J]. 中国行政管理，2003，15（1）：49-53.
[80] 颜芳芳，冯楚军，田励平．河北省住房保障对象诚信评价指标体系设计与运用研究 [J]. 特区经济，2016（09）：134-136.
[81] 颜芳芳，冯楚军，龚俊溪，等．住房保障对象诚信评价指标体系设计与运用研究 [J]. 河北科技师范学院学报（社会科学版），2016，15（03）：22-26.
[82] 颜芳芳，王箐．城镇住房保障对象失信问题及对策 [J]. 人民论坛，2016（17）：175-177.
[83] 约翰·罗尔斯．正义论 [M]. 何怀宏，何包钢，译．北京：中国社会科学出版社，2001.
[84] 刘子君．应用神经网络模型评价社保基金运营效果方法研究 [J]. 沈阳航空工业学院学报，2008（03）：82-85.
[85] 陈建．信用评分模型技术与应用 [M]. 北京：中国财政经济出版社，2005.
[86] 谷俊青．天津：建立保障性住房循环机制 [J]. 中国建设信息，2015（02）：30-33.
[87] 曹顺，刘婷. 基于 BP 神经网络的企业信用评价研究 [J]. 控制工程，2003(05)：404-406.
[88] 理查德·泰勒．“错误”的行为 [M]. 王晋，译．北京：中信出版社，2016.
[89]Benson，Bruce. Rent-Seeking from a Property Right Perspective[J]. Southern Economic Journal，1984，20（2）：121-126.
[90]Stephen E. Barton. Social Housing Versus Housing Allowances：Choosing Between Two Forms of Housing Subsidy at the Local Level[J]. Journal of the American Planning Association，1996（62）：108-119.

[91]Jappelli T., Pagano M. Role and Effects of Credit Information Sharing. Center for Studies in Economics and Finance Working Paper, 2005.

[92]James C. Ohls. Public Policy toward Low-Income Housing and Filtering in Housing Markets[J]. Journal of Urban Economics, 1975, 2（02）: 144-171.

[93]Scott Susin. Rent Vouchers and the Price of Low-Income Housing[J].Journal of Public Economics, 2002（83）: 109-152.

[94]Adams J. S. The Meaning of Housing in America[J].Annals of the Association of American Geographers, 1984, 74（04）: 515-526.

[95]James Lee, Yip Ngai-ming. Public Housing and Family Life in East Asia: Housing History and Social Change in Hong Kong[J]. Journal of Family History, 2006（31）: 66-82.

附 录

附录一：评价指标筛选过程

一、梳理出保障对象所有的不诚信行为

1. 家庭内有空挂户口，即虽有户口，但常住其他地方、在他处有住房的，仍将其统计在家庭人口数中的。

2. 申请人将亲友未成年的子女因入托、求学等原因，户口暂时挂靠或寄住的统计在家庭人口数中的。

3. 申请对象将户口从他处迁入且在他处另有住房，人为造成本处住房困难的。

4. 申请对象在本地有住房但谎报无住房的。

5. 申请对象在本地有住房但谎报其家庭人均住房面积低于规定标准的。

6. 申请对象隐瞒其家庭成员有住房的。

7. 申请对象隐瞒自己在申请公共租赁住房所在地其直系亲属有住房资助能力的。

8. 申请对象为外来务工人员，在本地就业未达到规定年限但谎称已达到规定年限的。

9. 申请对象隐瞒自己或共同申请的家庭成员，在申请之日前 5 年内在本市购买、出售、赠与、受赠、离婚析产或自行委托拍卖过房产的。

10. 申请对象隐瞒自己或共同申请的家庭成员曾享受过购买安居房、经济适用住房、拆迁安置新社区住房、落实侨房政策专用房购房优惠政策的。

11. 申请对象和共同申请的家庭成员有抚养、赡养关系但没有共同居住的。

12. 申请对象因离婚失去住房但未满规定年限的。

13. 申请对象伪造与其他家庭成员的法定赡养、抚养、收养关系证明的。

14. 提供本人或是共同申请的家庭成员的虚假收入证明的。

15. 提供本人或是共同申请的家庭成员的虚假资产证明的。

16. 提供虚假城镇居民最低生活保障金领取证的。

17. 提供虚假低收入困难家庭证的。

18. 提供虚假总工会特困职工证的。

19. 提供虚假待业证的。

20. 提供虚假特殊情况家庭证明的，其中特殊家庭包括：老人家庭、严重残疾人员家庭、患有大病人员家庭、承租危房家庭、面临拆迁的家庭、已拆迁的家庭、连续低保两年及以上的家庭、成年孤儿、家庭收入连续两年低于低收入家庭认定标准且成员中有55周岁（含）以上男性或50周岁（含）以上的女性。

21. 提供其他虚假证明的，如烈士遗属、优抚对象、移交政府安置的军队退休或离职人员、转业复员军人等。

22. 伪造《房屋租赁合同》骗取租赁补贴的。

23. 出现人员减少的情况未按规定报告的。

24. 出现收入增加的情况未按规定报告的。

25. 出现资产总额增加的情况未按规定报告的。

26. 出现户籍变更的情况未按规定报告的。

27. 出现婚姻变更情况未按规定报告的。

28. 出现住房情况发生变化未按规定报告的。

29. 初审或者复审核查中止后，申请对象收到住房保障机构要求补充提交材料通知书，未在规定时限内补充提交相关证明材料、执意不配合初审或者复审核查的。

30. 住房保障机构在初审和复审公示，以及复核和抽查等过程中需要查验相关事实，要求申请对象补充提交相关材料，申请对象不补充提交相关材料、执意不配合住房保障机构开展相关工作的。

31. 法律法规等规定的其他情形。

32. 出现人员减少的情况未按规定报告的。

33. 出现收入增加的情况未按规定报告的。

34. 出现资产总额增加的情况未按规定报告的。

35. 出现户籍变更的情况未按规定报告的。

36. 出现婚姻变更情况未按规定报告的。

37. 出现住房情况发生变化未按规定报告的。

38. 无正当理由未按规定选房的。

39. 无正当理由放弃享受住房保障权利的。

40. 对当期已抽得入围号取得购房资格或者已轮候到位的低收入和中等偏下收入住房困难家庭，因各种原因而放弃此轮购房的。

41. 无正当理由不签订公共租赁住房租赁合同或者未在规定时间内办理入住手续的。

42. 未在规定的时间内签订租赁合同的。

43. 未按规定交纳租房保证金的。

44. 签订租赁合同后放弃的。

45. 申购家庭在选房后，半年之内未向建设单位交纳购房款的。

46. 无正当理由连续 6 个月以上未在承租住房内居住的。

47. 擅自出租、转租、出借、调换、赠与、出售保障性住房的。

48. 破坏承租的保障性住房及配套设施设备，拒不恢复原状的。

49. 改变保障性住房用途的。

50. 在保障性住房内从事违法活动的。

51. 累计 3 个月未按照合同约定交纳租金的。

52. 在公共租赁住房内或楼宇公共部位存放易燃、易爆、剧毒、放射性物品等危害公共安全物品，经住房保障部门警告后不及时整改的。

53. 将租赁住房补贴挪作他用的。

54. 出现人员减少的情况未按规定报告的。

55. 出现收入增加的情况未按规定报告的。

56. 出现资产总额增加的情况未按规定报告的。

57. 出现户籍变更的情况未按规定报告的。

58. 出现婚姻变更情况未按规定报告的。

59. 出现住房情况发生变化未按规定报告的。

60. 保障对象不按规定参加资格期满审查的。

61. 被住房保障行政管理部门取消备案资格仍继续居住的。

62. 合同期满，未按合同提出续租申请，拒不腾退保障性住房的。

63. 合同期满，不符合条件的在过渡期届满后拒不退出的。

64. 出现人员减少的情况未在规定时间内报告的。

65. 出现收入增加的情况未在规定时间内报告的。

66. 出现资产总额增加的情况未在规定时间内报告的。

67. 出现户籍变更的情况未在规定时间内报告的。

68. 出现婚姻变更的情况未在规定时间内报告的。

69. 出现住房情况发生变化未在规定时间内报告的。

70. 承租人购买、受赠、继承或者租赁其他住房后，拒不退出的。

71. 实物配租家庭退出后，或者承租人死亡后，承租人亲属或者其他人员非法占用保障性住房的。

二、初步设计评价指标体系

<table>
<tr><th></th><th>一级指标</th><th>二级指标</th></tr>
<tr><td rowspan="3">申请环节</td><td rowspan="2">1. 不如实申报相关情况或伪造相关证明</td><td>（1）不如实申报家庭人口、户籍、婚姻、收入、住房、资产等情况，骗取保障性住房或租金补贴的</td></tr>
<tr><td>（2）申请对象伪造或提供无效、不实人口、户籍、婚姻、收入、住房、资产、交纳社会保险等证明材料的</td></tr>
<tr><td>2. 相关情况发生变化后不及时申报</td><td>（1）家庭人口、户籍、收入、婚姻、住房、资产等情况发生变化，不在规定时间内告知住房保障管理部门的</td></tr>
<tr><td rowspan="2">轮候环节</td><td rowspan="2">3. 取得购/租房资格后又放弃的</td><td>（1）无正当理由不签订购/租房合同或者未在规定时间办理入住手续的</td></tr>
<tr><td>（2）签订购/租房合同后，无正当理由又放弃购/租房的</td></tr>
</table>

续表

	一级指标	二级指标
使用环节	4. 入住后未按规定使用住房	（1）无正当理由连续 6 个月以上未在承租住房内居住的
		（2）擅自出租、转租、出借、调换、赠与、出售保障性住房
		（3）破坏承租的保障性住房以及配套设施设备，拒不恢复原状的
		（4）改变保障性住房用途的
		（5）在保障性住房内从事违法活动的
	5. 入住后未按规定交纳相关费用	（1）累计 3 个月未按照合同约定交纳租金的
退出环节	6. 拒不退出	（1）被住房保障行政管理部门取消备案资格仍继续居住的
		（2）合同期满，未按合同提出续租申请，拒不腾退保障性住房的
		（3）合同期满，不符合条件的在过渡期届满后拒不退出的
		（4）承租人购买、受赠、继承或者租赁其他住房后，拒不退出的
		（5）其他违反法律、法规规定及租赁合同行为的

三、修正后的评价指标体系

	一级指标	二级指标
申请环节	1. 不如实申报相关情况或伪造相关证明	（1）不如实申报家庭人口、户籍、婚姻、收入、住房、资产等情况，骗取保障性住房或租金补贴的
		（2）申请对象伪造或提供无效、不实人口、户籍、婚姻、收入、住房、资产、交纳社会保险等证明材料的
	2. 相关情况发生变化后不及时申报	（1）家庭人口、户籍、收入、婚姻、住房、资产等情况发生变化，不在规定时间内告知住房保障管理部门的

续表

	一级指标	二级指标
轮候环节	3. 取得购/租房资格后又放弃的	（1）无正当理由不签订购 / 租房合同或者未在规定时间办理入住手续的
		（2）签订购 / 租房合同后，无正当理由又放弃购 / 租房的
使用环节	4. 入住后未按规定使用住房	（1）无正当理由连续 6 个月以上未在承租住房内居住的
		（2）擅自出租、转租、出借、调换、赠与、出售保障性住房
		（3）破坏承租的保障性住房以及配套设施设备，拒不恢复原状的
		（4）改变保障性住房用途的
		（5）在保障性住房内从事违法活动的
	5. 入住后未按规定交纳相关费用	累计 3 个月未按照合同约定交纳租金的
退出环节	6. 拒不退出	（1）被住房保障行政管理部门取消备案资格仍继续居住的
		（2）合同期满，未按合同提出续租申请，拒不腾退保障性住房的
		（3）合同期满，不符合条件的在过渡期届满后拒不退出的
		（4）承租人购买、受赠、继承或者租赁其他住房后，拒不退出的
		（5）其他违反法律、法规规定及租赁合同行为的

附录二：保障性住房小区诚信管理的地方实践

一、江苏省关于住房保障失信行为管理的办法

2020 年 2 月，江苏省住房和城乡建设厅、省社会信用体系建设领导小组办公室联合发布《关于加强住房保障失信行为管理的通知》（苏建规字〔2020〕2 号），加强住房保障诚信管理，具体内容如下：

（一）明确住房保障失信行为管理的对象和内容

推进住房保障失信行为管理，旨在通过对住房保障申请、使用和退出过程中的失信行为进行记录管理，依此建立住房保障诚信档案，并在全省范围内实行信用信息共享，对严重失信行为实施联合惩戒。

1. 住房保障失信行为的管理对象。申请使用政府投资建设的公共租赁住房、经济适用住房、共有产权住房、限价商品住房等保障性住房、租赁补贴的住房保障申请人（含城镇家庭、新就业人员、外来务工人员），以及相关企事业单位均为信用主体，接受当地住房保障主管部门对其失信行为的管理与惩戒。

各信用主体在申请住房保障时，主管部门应当以告知承诺书的方式，告知其在住房保障申请、使用和退出过程中应遵守诚实守信的原则，违反承诺将接受失信联合惩戒。

2. 住房保障失信行为的管理内容。各信用主体在住房保障申请、使用和退出过程中，具有故意隐瞒申请人信息违规申请、故意损坏保障性住房小区配套设施、不按时交纳公租房租金等违反诚实信用原则的行为，应接受住房保障主管部门失信行为管理。

住房保障失信行为按主体分为住房保障申请人失信行为和相关企事业单位失信行为，按程度分为一般失信行为和严重失信行为，《住房保障失信行为严重程度划分标准》如下所示：

住房保障失信行为中涉及行政处罚的，应先对违法行为予以行政处罚，再依据失信行为严重程度划分标准对失信行为予以认定。其中，经县级以上住房保障主管部门认定为严重失信行为的，列入信用黑名单。

3. 住房保障失信行为管理职能部门。按照“谁主管、谁认定、谁负责”的原则，县级以上住房保障主管部门负责住房保障诚信档案建立和失信行为的认定、异议处理、失信惩戒等工作。

4. 住房保障失信行为信用修复机制。县级以上住房保障主管部门应当依据相关法律法规规章或者规范性文件，明确各类失信行为的联合惩戒期限，规范信用修复程序，建立有利于失信主体自我纠错的信用修复机制。信用修复包括自动修复和主动修复。自动修复，即失信行为联合惩戒期届满，信用自动修复。鼓励具有失信行为的各信用主体，通过主动纠正失信行为等方式主动修复信用。对严重失信行为信用修复的，县级以上住房保障主管部门应当将其退出信用黑名单。

（二）建立健全住房保障失信行为管理机制

县级以上住房保障主管部门在采集各信用主体信用信息时，要遵循合法、客观、公正和审慎的原则，做到采集及时、完整、真实无误，并依法保护公民隐私和单位秘密。

1. 加强动态管理。加强对住房保障失信行为动态管理，建立健全失信行为认定、修复和记录留存更新机制。信用主体退出黑名单的，主管部门应当及时通过原公开渠道发布公告，联合惩戒相应停止。

2. 强化信息公开。落实住房保障信息公开制度，及时将信用主体信用信息通过门户网站、地方政府信用网站、“信用江苏”网站或者其他新闻媒体予以公开。

3. 落实异议申诉。建立异议信息申诉与复核制度，公开异议信息处理部门和联系方式。失信主体认为信用信息有误而提出异议的，可以向作出认定结论的主管部门提出书面异议申请，并提交相关证据材料。主管部门应当自收到异议申请之日起 10 个工作日内进行核查并将处理结果告知申请人。异议处理期间应当打上标识。经核查信息有误的，应当及时在住房保障诚信档案和公共信用基础数据库中予以更正。核实无误的，应当将核查结果以书面形式告知当事人，并去除标识维持原信息。

4. 实现信息共享。进一步完善住房保障信息系统，加强与当地民政社会救助信息系统的数据联通，及时掌握住房保障申请人的住房、经济状况等各方面信息。建立健全多部门共同参与的审核联动机制，充分发挥社会信用体系建设联席会议作用，及时沟通解决住房保障审核工作中存在的问题，逐步形成分工明确、定期协商、协同推进的工作机制。

县级以上住房保障主管部门，要切实加强对住房保障失信行为管理工作的组织领导，研究制定住房保障失信行为管理办法，做好本地区住房保障诚信体系建设工作。住房保障失信行为管理工作落实情况及时向省住房城乡建设厅反馈。

住房保障失信行为严重程度划分标准

序号	行为名称	失信严重程度		责任主体
		一般	严重	
1	隐瞒有关情况或者提供虚假材料申请公共租赁住房（含廉租住房）	隐瞒有关情况或者提供虚假材料申请公共租赁住房（含廉租住房）		住房保障申请人
2	以欺骗等不正当手段，登记为轮候对象或者承租公共租赁住房（含廉租住房）		以欺骗等不正当手段，登记为轮候对象或者承租公共租赁住房（含廉租住房）	住房保障申请人
3	承租人转借、转租或者擅自调换所承租公共租赁住房（含廉租住房）	承租人转借、转租或者擅自调换所承租公共租赁住房（含廉租住房）	承租人转借、转租或者擅自调换所承租公共租赁住房（含廉租住房），经批评教育拒绝改正错误	住房保障申请人
4	承租人改变所承租公共租赁住房（含廉租住房）用途	承租人改变所承租公共租赁住房（含廉租住房）用途	承租人改变所承租公共租赁住房（含廉租住房）用途，经批评教育拒绝改正错误	住房保障申请人
5	承租人无正当理由闲置公共租赁住房（含廉租住房）	承租人无正当理由连续3个月以上6个月以下（含6个月）闲置公共租赁住房（含廉租住房）	承租人无正当理由连续6个月以上闲置公共租赁住房（含廉租住房）	住房保障申请人
6	房地产经纪机构和房地产经纪人员为不符合交易条件的保障性住房提供经纪服务		房地产经纪机构和房地产经纪人员为不符合交易条件的保障性住房提供经纪服务	相关企事业单位
7	承租人破坏或者擅自装修所承租公共租赁住房	承租人破坏或者擅自装修所承租公共租赁住房	承租人破坏或擅自装修所承租公共租赁住房，拒不恢复原状	住房保障申请人
8	承租人无正当理由未交纳公共租赁住房租金	承租人无正当理由连续3个月以上6个月以下（含6个月）未交纳公共租赁住房租金	承租人无正当理由连续6个月以上未交纳公共租赁住房租金	住房保障申请人

续表

序号	行为名称	失信严重程度		责任主体
		一般	严重	
9	承租人住房和家庭经济状况等发生变化，不再符合公共租赁住房保障条件，无正当理由拒绝腾退公共租赁住房或按规定交纳市场租金	承租人住房和家庭经济状况等发生变化，不再符合公共租赁住房保障条件，无正当理由连续3个月以上6个月以下（含6个月）拒绝腾退公共租赁住房或按规定交纳市场租金	承租人住房和家庭经济状况等发生变化，不再符合公共租赁住房保障条件，无正当理由连续6个月以上拒绝腾退公共租赁住房或按规定交纳市场租金	住房保障申请人
10	承租人在年度审核时未如实申报家庭人员、住房、经济状况等情况变化	承租人在年度审核时未如实申报家庭人员、住房、经济状况等情况变化		住房保障申请人
11	已经购买经济适用住房家庭又购买其他住房，拒绝政府按照规定及合同约定回购原经济适用住房	已经购买经济适用住房家庭又购买其他住房，拒绝政府按照规定及合同约定回购原经济适用住房		住房保障申请人
12	为不在本单位工作的人员出具收入证明	为不在本单位工作的人员出具收入证明	为不在本单位工作的人员出具收入证明，经批评教育后仍然出具收入证明	相关企事业单位
13	为本单位工作人员出具虚假证明材料	为本单位工作人员出具虚假证明材料	为本单位工作人员出具虚假证明材料，经批评教育后仍然出具虚假证明材料	相关企事业单位
14	为企事业单位集体配租公共租赁住房，单位不履行共同管理责任	为企事业单位集体配租公共租赁住房，单位不履行共同管理责任	为企事业单位集体配租公共租赁住房，单位不履行共同管理责任，经批评教育拒绝改正错误	相关企事业单位

二、广州市保障性住房小区管理扣分办法

2018 年 2 月，广州市住房管理办公室印发《广州市保障性住房小区管理扣分办法》的通知（穗住保规字〔2018〕3 号），加强对保障性住房小区的管理。具体内容如下：

第一条，为维护保障性住房小区全体住户的公共利益，加强我市保障性住房小区的日常管理，规范保障性住房小区住户的居住行为，创造文明、卫生、安全、和谐的居住环境，结合本市实际，制定本办法。

第二条，保障性住房小区内住户的居住安全、环境卫生和房屋使用等方面的管理活动适用本办法。

保障性住房小区住户包括公共租赁住房、经济适用住房，及其他享受住房保障政策的住户。

第三条，广州市住房保障办公室负责组织实施本办法，保障性住房小区所在街道办事处、派出所等相关行政管理部门，应当按照各自职能协助广州市住房保障办公室实施本办法。

广州市住房保障办公室在保障性住房小区设立“广州市住房保障办公室派驻小区工作站（以下简称派驻小区工作站）”，负责本办法实施的具体工作。

第四条，派驻小区工作站对保障性住房小区住户的具体违规行为进行调查取证和处理，也可以委托其他第三方机构承担调查取证工作，物业服务企业应当协助相关单位开展调查取证工作。

第五条，对危害保障性住房小区住户居住安全、破坏小区环境卫生和违规使用房屋等方面的不当行为实行扣分制。

第六条，保障性住房小区住户在小区内出现以下违规行为时，依照本办法进行扣分：

（一）轻微违规行为，共 10 目，每目每次扣 2 分

1. 在公众场所随地便溺或携带的动物随处便溺不及时清理，影响公共场所环境卫生。

2. 夜间制造噪音，引起他人投诉获有关政府机构受理的。

3. 在公共场所的护栏、电线杆、绿篱等设施和树木上吊挂、晾晒物品，经劝阻不予整改的。

4. 在户外焚烧纸钱、元宝或燃点香烛等不及时清理的。

5. 占用小区公共场所设摊经营、兜售物品。

6. 擅自接用公共绿化和消防水源。

7. 在天台、平台搭棚，围蔽、占用公共场所。

8. 践踏、占用绿地，损毁树木、园林。

9. 占用梯间平台、天台等公共场所堆放垃圾、杂物、废旧物品等。

10. 乱摆、乱停、乱放机动车辆、单车、残疾车等车辆，阻碍消防通道。

（二）较严重违规行为，共 3 目，每目每次扣 4 分

1. 乱倒垃圾、污水、粪便，乱扔动物尸体等废弃物。

2. 在室内存放大量垃圾、废品及其他物品，严重影响他人生活。

3. 人为损坏污水管导致污水渗漏，影响他人生活或公共环境卫生。

（三）严重违规行为，共 5 目，每目每次扣 6 分

1. 拒绝住房保障管理人员开展入户调查及房屋维修工作。

2. 故意损坏、盗窃小区公共消防设施、水电设施、通讯设施等公共财物。

3. 公共租赁住房租户无正当理由连续拖欠租金 2 个月以上 3 个月以下（不含 3 个月），或累计拖欠租金 3 个月以上未满 6 个月的。

4. 公共租赁住房租户无正当理由连续空置住房 1 个月以上 3 个月以下（不含 3 个月）的。

5. 高空抛掷物件。

（四）非常严重违规行为，共 9 目，每目每次扣 20 分

1. 擅自将租住的住房转租、出借、调换的。

2. 擅自将经济适用住房出租、出借的。

3. 公共租赁住房租户无正当理由连续拖欠租金 3 个月或累计拖欠租金 6 个月的。

4. 公共租赁住房租户连续空置住房 3 个月以上的。

5. 连续空置经济适用住房 6 个月以上的。

6. 拆迁安置房租户连续空置住房 6 个月以上的。

7. 擅自对租住的住房进行装修和扩建、加建、改建、改变房屋结构或改变其功能及使用性质的。

8. 在室内或公共场所存放易燃、易爆、剧毒、放射性物品等危害公共安全物品，经警告不予整改的。

9. 故意损坏承租的住房及其附属设备的。

以上行为违反《治安管理处罚法》《广州市市容环境卫生管理规定》《广州市违法建设查处条例》《广州市公共租赁住房保障办法》等法律法规规定的，在扣分的同时，由相关部门依法查处。

第七条，轻微违规行为项目为预先警示才扣分的项目，较严重、严重及非常严重违规行为项目为即时扣分项目。

保障性住房小区住户出现轻微违规行为，经调查取证核实后，派驻小区工作站向违规住户发出《保障性住房小区管理扣分劝告书》，劝导其及时纠正违规行为，并不即时扣分。经劝导后再次出现违规行为的，派驻小区工作站向违规住户发出《保障性住房小区管理扣分警示书》，警示违规住户纠正违规行为，否则将实行扣分。如住户拒不改正而第三次违规的，将依照本办法扣分。保障性住房小区住户出现较严重、严重或非常严重违规行为，经调查取证核实后，派驻小区工作站将记录在案，即时扣分。

派驻小区工作站向被扣分对象及其成年家庭成员发出《保障性住房小区管理扣分通知书》，共同督促违规成员纠正不良行为，培养良好的保障性住房小区行为规范。

第八条，保障性住房小区住户所扣分数累计达 15 分或有效期内累计扣分达到 3 次，派驻小区工作站向该住户家庭发出警示信，列出该户家庭及其成员的违规行为及所扣分数，提醒该住户家庭累计扣分不断增加的后果。

第九条，保障性住房小区住户同时出现多种违规行为时，根据第七条规定对其中分数最高的项目进行扣分，并责令立即纠正其他违规行为，如不纠正，对不纠正的项目根据第七条规定进行扣分。

第十条，不满14周岁的未成年人以及不能辨认自己行为的精神病人，出现违规行为的，经核实后不予扣分，派驻小区工作站责令其监护人严加管教。

第十一条，保障性住房小区住户从首次违规时间起算，每两年为计算周期，满两年扣分清零。有效期内，所扣分数不因住户成员变化、户主变更等情况而注销。有效期内，住户因故调整房屋的，其记录在原租住房屋的分数将同时转移到调整后的房屋。

第十二条，保障性住房小区住户出现非常严重违规行为的，承租公共租赁住房的，广州市住房保障办公室将依租赁合同终止与租户的房屋租赁关系；购买保障性住房的，广州市住房保障办公室将依购买合同约定，要求其退还所购买的保障性住房。

第十三条，保障性住房小区住户出现除非常严重违规行为外的其他违规行为，如累计被扣分数两年内达到20分，将依合同约定追究责任，拒绝承担责任的，将依合同约定收回所居住的保障性住房。

第十四条，依合同约定被收回保障性住房的住户，须依原合同约定于收到《退房通知书》之日起60日内结清有关费用并交出房屋。住户退还所购买的保障性住房，依购买合同约定条款退回房价款按原购房价格每年扣减1%计算。

第十五条，因出现本办法规定的违规行为，在两年内被扣满20分而被收回房屋的保障性住房小区住户家庭，依照有关管理规定或合同约定条款1年内不得申请保障性住房；因非常严重违规行为而被收回房屋的，依照有关管理规定或合同约定条款5年内不得申请保障性住房。被收回房屋的家庭，可向广州市住房保障办公室申请租住临时中转房屋，临时中转房屋租金按公房成本租金标准的50%计租。除非常严重违规行为外，在临时中转房屋住满1年后，按规定符合保障性住房申请条件的可再行申请。

第十六条，派驻小区工作站每季度定期在小区广告栏或咨询中心公布小区内各住户的扣分情况及处理决定。

第十七条，保障性住房小区住户应当积极配合派驻小区工作站管理人员或受委托的保障性住房小区物业服务企业，以及其他第三方机构的取证等证明材料和处理工作。违规住户违抗或不配合取证和处理等工作的，情节轻微的，加倍扣分；侮辱、殴打调查取证人员，或以暴力、胁迫等方法阻挠调查取证工作，依合同约定条款终止房屋租赁合同或要求退回购买的保障性住房。

第十八条，保障性住房小区住户拒绝依照本办法规定交还房屋的，广州市住房保障办公室可根据房屋合同约定条款要求收回房屋；保障性住房小区住户坚持拒绝交还房屋的，广州市住房保障办公室可向法院申请强制清退。

第十九条，广州市住房保障办公室对主动协助派驻小区工作站维护小区文明、卫生、安全，协助开展违规行为的调查取证等工作，积极投诉和举报违规行为且投诉、举报事项属实的住户，给予 50—200 元不等的奖励。其中：举报轻微违规行为属实的，给予举报者 50 元的奖励，举报较严重违规行为属实的，给予举报者 100 元的奖励，举报严重违规行为属实的，给予举报者 150 元的奖励，举报非常严重违规行为属实的，给予举报者 200 元的奖励。政府职能部门工作人员有义务为举报者保密，不得向被举报人及其他利害关系方泄露举报者的相关信息。

第二十条，保障性住房小区住户对派驻小区工作站管理人员的处理如有不满，可以向广州市住房保障办公室提出申诉。广州市住房保障办公室应当在 30 个工作日内对申诉情况进行调查核实，并在调查结束后 5 个工作日内将核实情况函告申诉人。

第二十一条，政府职能部门工作人员在监督管理中玩忽职守、滥用职权、徇私舞弊、泄露举报者信息的，追究其相关责任；构成犯罪的，移送司法机关依法追究刑事责任。

第二十二条，依照本办法规定所作的扣分处理，不代替相关职能部门依法对违规行为的责任追究。

第二十三条，本办法自印发之日起实施，有效期 1 年。2013 年 5 月 13 日印发的《广州市保障性住房小区管理扣分办法》（穗住保〔2013〕29 号）同时废止。

三、香港屋邨管理扣分制

屋邨管理扣分制（扣分制）是一项重要的管理措施，既可保障公共屋邨的环境卫生，又有助于我们妥善执行屋邨的管理工作，从而为住户建立健康舒适的居住环境。扣分制同时可培养公屋住户的公德心，以及促进他们对邻居和周围环境的关怀和爱护。

扣分制在 2003 年推出，当时名为“屋邨清洁扣分制”，主要针对有损屋邨环境卫生的不当行为。该制度于 2006 年扩展至更大的屋邨管理范畴，易名为“屋邨管理扣分制”。扣分制适用于公共租住房屋（公屋）和中转房屋（中转屋）住户。

扣分制涵盖 28 项不当行为，违规者将按其行为的严重性被扣 3、5、7 或 15 分。如公屋 / 中转屋住户在两年内被扣除的分数累计达 16 分，其租约 / 暂准证将被终止。

扣分制下的各项违例事项：

为了给予租户纠正不良习惯的机会，扣分制设有警告机制，先向违规性质较轻微的租户发出书面警告。罔顾警告而再次作出不当行为的租户将会被扣分。现时在有关机制下获预先警告的违规行为共有 12 项：

预先警告才扣分的项目：

分值	不正当行为
3 分	1. 在公共地方晾晒衣物［房屋署（房署）指定地点除外］ 2. 利用晒衣竹插筒晾晒地拖 3. 在露台放置滴水的花盆或滴水衣物 4. 抽气扇滴油
5 分	5. 弃置杂物阻塞走廊或楼梯通道，妨碍清洁工作 6. 积存污水导致蚊患 7. 造成噪音滋扰（注一） 8. 冷气机滴水
7 分	9. 不让房署或房署指派的工作人员进入居住单位进行房署负责之维修（注二） 10. 拒绝维修应由租户负责保养的喉管或卫生设备 11. 损坏雨水 / 污水管，引致渗水往下层单位 12. 在出租单位内积存大量垃圾或废物，产生难闻气味，造成卫生滋扰

违例时立即扣分的项目：

分值	不正当行为
5分	1. 乱抛垃圾 2. 随地弃置垃圾，如弃置于电梯大堂或无盖垃圾桶内等 3. 未经业主书面同意在出租单位内饲养动物（注三） 4. 任由携带之动物及禽畜随处便溺，弄污公众地方 5. 在公众地方煲蜡 6. 在屋邨公共地方吸烟或携带燃着的香烟 7. 在公众地方非法赌博
7分	8. 高空抛掷破坏环境卫生的物件 9. 在公众地方吐痰 10. 在公众地方便溺 11. 在垃圾收集站、楼宇范围内或其他公共地方，胡乱倾倒或弃置装修废料 12. 把出租单位用作食物制造工场或仓库 13. 非法摆卖熟食 14. 损毁或盗窃房屋委员会（房委会）财物 15. 把出租单位作非法用途
15分	16. 高空抛掷可造成危险或人身伤害的物件（注四）

注一：除扣分制的相关措施外，《噪音管制条例》亦规管任何时间发出的噪音。违反有关条例的租户，若在单位内制造噪音，一经定罪便会被扣分。在此情况下，警告制度将不适用。

注二：维修项目可包括室内固定装置及设备、沟渠和喉管，以及天花板、墙壁和地板等结构构件。此项不当行为亦包括租户不让房署或房署指派的工作人员，因维修事宜进入居住单位视察。

注三：房委会资助房屋小组委员会于2003年9月25日，决定维持不准在公屋养狗的限制，唯容许租户饲养不会危害健康及造成滋扰的细小家庭宠物。其他野生/入口动物和驯养农畜一律严禁在公屋饲养。

“家庭小宠物”包括时下宠物市场供应的小宠物，而且一般养在笼、展示箱、水族箱或其他特制容器内，例如猫、雀鸟（鸽子除外）、仓鼠、龙猫、葵鼠、兔子、乌龟、水生动物等。如欲养猫的租户，应安排猫儿预先接受绝育手术。

房署会采取“可暂准原则”，处理在扣分制实施前已在公屋饲养的狗只。根据有关原则，在2003年8月1日前已在公屋饲养的小型狗只（即体重少于20公斤的狗只），租户必须事先获得一次性批准，才可继续饲养狗只。获批准的租户需严格遵守署方制定的守则，租户如两次违反饲养狗只的守则，有关批准便会被撤销。

由2003年11月1日开始，租户未经业主书面同意，在租住单位饲养狗只或被禁止的动物，将会按扣分制被扣分。

注四：对于高空掷物可能造成严重危险或人身伤害的租户，房委会会引用《房屋条例》发出迁出通知书，终止其租约。

附录三：住房保障对象诚信评价的地方探索

一、天津市

天津市在住房保障对象诚信管理、评价等方面的探索走在全国前列。为了进一步加强对住房保障家庭不良信用记录的管理，2013年天津市就出台了《关于加强住房保障家庭不良信用记录管理有关问题的通知》，通知中对不良信用记录管理部门进行了明确，对不良信用记录的具体内容、不良信用记录建立或取消、具体的操作程序等内容进行了详细的说明。

天津市还建立了住房保障信息化管理系统，通过与10个部门及银行间数据联网，实现了户籍、房屋、工商注册、车辆、公积金、社保、税收等数据的跨部门、跨行业信息共享。提高了申请审核环节不诚信行为的发现率。此外，天津市还出台了《天津市基本住房保障管理办法》《天津市住房保障监督管理办法》等一系列办法作为住房保障领域的政策依据。

二、广州市

广州针对保障性住房出现的违规问题，采取了三大举措加大监管力度。

一是借鉴香港做法，建立“保障性住房管理扣分制”。只要保障性住房租户违反租约条例，就会依例扣分。若租户两年内扣满一定分数，将被终止租约。“扣分制”涵盖了多种不当行为，诸如高空掷物、随处便溺、将住房用作其他用途等。另外，还与广州市民政局联合，将处理保障性住房欠租、转租、出借等违规行为，与城镇居民最低生活保障金发放挂钩。此外，还探索委托第三方机构评估已享受住房保障的低收入住房困难家庭人员的劳动能力，鼓励保障对象通过积极就业改善居住环境。

二是建立住房保障家庭信用档案。每户住房保障家庭都将建立家庭信用档案，如出现违规转租、出借或无正当理由连续空置3个月以上，不按时交纳廉租住房租金和不按规定参加廉租住房保障资格年审的行为，除按规定予以处罚外，还记入住房保障家庭信用档案。住房保障家庭信用档案有不良记录的，作为重点后续监管对象予以监管。住房保障家庭信用档案同时纳入个人信用档案。

三是公布社会监督方式，奖励举报违规行为。早在2010年广州就出台了《广州市住房保障工作社会监督办法（试行）》，邀请人大代表、政协委员、媒体代表、住房保障申请家庭代表、群众代表作为社会监督员，参与住房保障资格审核和后续监管工作。采用各种有效措施鼓励社会各界举报投诉骗购经济适用住房、骗取廉租住房保障及违规转租、出借，或无正当理由连续空置3个月以上等的违规行为。对如实举报上述违规行为的群众，给予一定物质奖励。

三、长沙市

为了减少保障对象的不诚信行为，湖南省长沙市在申请保障性住房时必须签订《长沙市申请住房保障诚信承诺书》，要承诺提交的所有证件及证明文件真实有效，同意授权政府有关部门核查本户家庭成员的财产、收入、住房、婚姻状况等情况，并同意公示；在申报过程中本人如有虚报、瞒报、弄虚作假等行为，一经查实，5年内不得再申请住房保障，并承担由此带来的所有经济损失和法律责任；享受长沙市经济适用住房货币补贴保障政策后，保证将原租住单位公房、非住宅用房或直管公房退交出租单位；本户自申请至获补资金发放期间，如家庭的住房、收入等情况发生变化，本户应及时告知住房保障、民政等政府相关部门，并接受核查。经核查后不符合条件的，同意取消获补凭证，不予以发放资金。

四、宁国市

为打击保障性住房领域的骗租骗购行为，安徽省宁国市建立了保障户信用档案，对虚报、瞒报的申请户记入不良信用档案，5年内不予申请住房保障。2013年就有213户家庭因虚报、瞒报家庭住房、收入、资产等情况被取消了申请保障性住房资格，记入了不良信用档案，且5年内不得再次申请保障性住房。

五、河北省

河北省出台了保障性住房准入退出管理办法，明确对骗取保障性住房以及违规使用、转让的，驳回其申请或责令其退还、退出，并将违规情况记入诚信档案。

2013年1月1日，河北省《住房保障档案管理办法》正式施行。该办法规定，住房保障档案分为住房保障对象档案和住房保障房源档案。住房保障对象档案指正在轮候和已获得住房保障的住房困难家庭或者个人的档案材料；住房保障房源档案指已分配使用的保障性住房档案材料。住房保障对象档案按照“一户一档”、住房保障房源档案按照“一套一档”的原则进行归档管理。省内石家庄等市已经对住房保障对象设置了专项档案进行管理，并建立了公共保障房信息管理系统。

六、江苏省

江苏省在保障对象资格审核方面实行收入审核联动机制，住房保障部门与社会保障、税务、住房公积金管理等部门联动或联网，根据家庭成员每月缴纳养老保险、交税、缴纳住房公积金等情况，比对测算家庭人均月收入；与公安（车辆管理）部门联动或联网，核实申请家庭有无机动车辆；与工商部门联动或联网，核实申请家庭开办工商企业情况；与银行、证券等部门联动或联网，审核申请家庭的金融资产；与房产部门联动或联网，核实申请家庭的房产信息。提高了保障对象资格审核的科学性和准确性。

此外，还建立了保障性住房诚信档案，明确住房保障申请人具有如实申报家庭财产收入和住房情况的义务，对少数通过虚报瞒报收入、住房等骗取保障性住房的行为，加大惩处力度并记入不良记录。

综合以上省市在住房保障对象诚信评价方面的实践，总结出值得借鉴的经验主要有以下几点：

第一，按照严重程度，对住房保障对象的不诚信行为进行记录、分类；第二，按照严重程度对不诚信行为进行赋值，采用科学的方法对保障对象进行评价打分；第三，将评分结果分成若干等级，并设置相应的奖惩标准。

附录四：发达地区信用体系和住房保障的实践历程及经验

一、美国信用体系发展历程

第一阶段：萌芽阶段（1841—1935 年）

在当时的历史时期，市场交易虽然还不是十分活跃、发达，但在自由市场竞争的背景下，市场对信用服务的需求是自然的。这一阶段正处于美国资本市场和工业化发展时期，大量工业债券涌入资本市场，吸引了大量国内外投资者，对企业和债券征信评信市场产生了大量需求，信用评估机构应运而生。

1841 年，邓白氏公司（Dun & Bradstreet Corp.）成立了第一家征信事务所，主要从事商业企业的信用调查和评估。随后，普尔（Poor）公司于 1860 年、穆迪（Moody）公司于 1890 年、标准（Standard）公司于 1920 年、菲奇（Fitch）公司于 1924 年先后开展企业、债券征信评信业务，美国的征信评信制度开始萌芽。与此同时，随着消费信用的兴起，从 19 世纪中叶开始，美国逐步出现了分期付款、小额消费贷款等消费信用形式。最具代表性的是芝加哥零售商西尔斯，率先向消费者提供分期付款和无担保信贷，目的是以赊促销、以贷促销，并拓展连锁店经营模式，这便是当今全美通用的"西尔斯"信用卡——"发现卡"的发迹前奏。伴随着消费信用的发展，为消费信用服务的消费者信用征信机构也应运而生。初创期间的征信机构多为由各地商家发起、以互助合作形式设立的非营利组织。美国第一家被称为"信用报告机构"的组织成立于 1860 年，全国性的组织成立于1906年，当时叫“全国零售信用机构联合会”（National Association of Credit Agencies），即现在的消费者数据产业协会。

第二阶段：快速发展阶段（1836—1969年）

经历过20世纪30年代的经济危机后，美国高度重视企业资信、债券等金融产品评级工作。1936年美国货币监理署规定，美国的国民银行和加入联邦准备制度的州银行所持有的证券资产必须是征信评级四级以上的债券，并决定将评级机构的评级结果，作为对银行进行监管检查的标准。随后，联邦储备委员会、联邦存款保险公司和联邦有关各部根据各自的管辖职能，也分别作出了类似的政策规定。从此，征信评信制度被作为一种信用活动的“甄别”机制正式确立下来，其制度效应在这一时期得到了充分显现。

这一时期征信体系的发展体现在以下几方面：一是征信评信机构不断涌现。信用评级机构大量涌现，数量由最初的几十家迅速扩张至上千家；二是零售服务信用迅速发展。大量的商家企业通过建立客户群和会员制，纷纷推出零售服务信用，一些大型商家企业通过组建各种类型的金融公司，向居民提供消费信贷，为企业提供短期贷款；三是信用产品层出不穷。1950年“大莱”俱乐部首次推出大莱信用卡，掀开了信用卡的发展序幕，消费信用走进千家万户，信用卡开始风靡美国。

第三阶段：成熟发展阶段（1970年至今）

1970年《公平信用报告法》出台，美国信用行业进入规范化发展的轨道。由于前一阶段消费信用的迅速扩张，美国经济出现了两个现象，一是受消费需求的拉动，经济快速增长；二是受信用泛滥影响，经济出现了高通胀态势。在此背景下，20世纪60年代末至80年代初，美国联邦政府先后出台了10多部信用方面的专项法律，每一项法律都明确了主要执法和辅助执法机构，与之相配套的监管体系自然形成。从此，美国信用体系开始步入规范、成熟发展时期。

20世纪80年代后，相关法律法规不断完善，中介机构不断兼并重组，资本加速集聚，信用信息服务业发展方向也发生了变化，由经营信用信息产品转向提供信用管理服务，美国信用体系框架主要是在这个阶段形成的。

二、日本个人信用体系建设的特点

（一）会员制的社会信用体系模式

日本个人征信体系开始于20世纪60年代，1987年建立了跨行业的个人信用信息网（Credit Information Network，CRIN），此信息网由银行、赊销、信贷三行业共同建立。主要目的是防止经济纠纷的发生。1988年正式组建个人信用信息中心，该中心为非营利机构，所收费用仅供维持日常运行成本。中心在收集信息时付费，在提供信息时要收费，以保持中心发展，但不以盈利为目的，会员银行必须提供相关信用信息，同时可以共享其中的信息，其实质是建立一种信息互换机制。除了个人信用信息中心外，日本还有一些商业性征信机构，如帝国数据银行等，这些机构为社会提供有偿信用信息。

在信用数据的征集范围方面，银行个人信用信息中心规定，会员向其提交的个人信息包括消费者贷款、活期存款交易、担保、信用卡交易4个方面，如个人姓名、出生年月、邮政编码、住址、贷款日期、贷款金额、约定偿还日、拖欠日期、最终偿还日等。相关信息在保留到规定期限后自行删除。

全国信用信息联合会主办的信用信息中心采集的数据范围与银行个人信用信息中心相似，中心要求会员提供的个人信用信息范围包括：个人的身份信息，如姓名、出生年月、住址、住宅电话、工作单位、电话等；贷款合同的信息，包括与贷款合同有关的所有信息，如借款日、借款金额等；关于借款偿还情况的信息，如还款日、借款剩余金额、还款预定日、最终还款日以及拖延还款时限的信息等。相关信息的保留期限也有明确规定，不能超过借款合同开始后的5年及还款后的5年。

（二）完善的法律体系

随着社会的发展，个人信用信息部门成为日本经济发展不可缺少的组成部分。然而，个人信用信息机构在收集、积累和运用个人信用信息方面曾出现各种各样的法律问题。日本法律中关于信用较早的立法是《分期付款销售法》，该法调整分期付款的消费者和销售业者之间的利害关系，规定了利用个人信用信息的方法，并在1980年进行了大幅度修改。

此后，20 世纪 80 年代又陆续出台了《关于金融机构等保护个人信用信息数据的指针》《关于民间部门个人信息保护指导方针》《关于行政机关电子计算机处理和保护个人信息的法律》《关于民间部门电子计算机处理和保护个人信息的指导方针》等几部法律，用来保护个人隐私权不受侵犯，促进个人信用信息的合理合法运用。之后，1991 年，总务省制定了《关于电气通信事业保护个人信息的指导方针》。2000 年又出台了《消费者合同法》，这是一部确认不公平合同无效的法律，从另一个角度来保护消费者的权益，并规范信用市场的运作。2005 年，颁布《关于独立行政法人单位所持有个人信息保护法》，对各方在收集、使用管理个人信用信息方面，作出了明确的法律规定。

信用信息采集

各征信机构在相关法规的指导下，签署加盟合同，对各机构会员资格实行定期审查制。
信用信息采集机构在采集、登记个人信用信息时不能涉及信息主体的种族、宗教信仰、政治见解、保健医疗、病历等个人细节。并规定了个人信用信息收集的范围

信用信息管理

征信机构必须采取一定的措施来保护自身管理的个人信用信息的准确性和及时性。
征信机构为防止信用信息的泄露、消失和篡改，必须强化内部管理体制和采取一定的安全措施。
为防止个人信息滥用，规定了可以提供信用信息的情形

信用主体保护

信用信息机构须建立完善的手续制度以满足信息主体对信用信息的证明、修正错误信息等的要求。
信用信息机构有义务将其业务内容和信息主体保护措施公之于众，并开设对外咨询、信访窗口，以便能及时、适当地处理信用信息主体的投诉

图 1　日本个人信用信息保护法相关内容

日本模式的优势在于，会员银行是自愿加入，弹性较大，各家银行可以有自由选择的权力。其劣势也很明显，由于数据库是会员自发组建的，不能运用行政手段，采集的个人信息可能不完全、不准确、不及时。在信息获取过程中可能会遇到种种障碍，因此获得的信用信息可能不完整，质量不高。

三、美国住房保障政策发展历程

第一阶段：19 世纪末到 20 世纪 60 年代上半期（公共住房建设计划）

美国是实行市场经济体制的典型国家。从建国直至 20 世纪初，联邦政府在住房建设问题上基本采取自由放任政策，任由私人开发，市场调节。但是，随着城市化进程的快速推进，大量人口涌入城市，造成严重的城市住房问题。在这种情况下，由政府出面，建造公共住房、改善低收入家庭住房条件的主张开始得到

社会各界的普遍响应。这一阶段，美国公共住房建设缓慢，具体分为四个时期：

一是公共住房计划的酝酿时期。在19世纪末20世纪初这一时期，城市政府较早开始对城市住房问题进行干涉，如纽约就先后出台了一系列的住房法规来规范经济公寓的建设。19世纪末，联邦政府开始关注各大城市中严重的住房问题，但当时并未采取任何实质上的干预行动。

二是首次建设公共住房时期。一战时期，因战争需要，联邦政府首次尝试建造公共住房。这一时期公共住房建设规模较小，属于战时应急性质，主要目的是解决战时的临时住房问题，保障对象仅限于战时的工人家庭，城市中低收入群体并没有从中受益，保障范围十分有限。

三是公共住房建设计划时期。1929年经济危机爆发给美国社会造成灾难性影响，与此同时，郊区化趋势的出现，使城市中心区少数族裔移民大量涌入，城市普遍出现住房短缺，面对住房危机，联邦政府开始介入住房领域。新政时期，针对城市住房问题采取了多项举措，如建立美国公共住房署（The United States Public Housing Authority，简称PHA），出台公共住房法，这部法律使公共住房建设成为直接针对城市低收入阶层住房问题的一项住房政策。该法案明确了公共住房的保障对象，即把收入水平按照三等分划分，收入处于最低的那部分群体。公共住房计划的具体制度设计为：由公共住房署负责将联邦政府的资金以贷款形式拨付给地方政府（一般是住房署提供90%的资助，地方政府负责其余的10%），由地方政府建造公共住房。

四是联邦公共住房政策时期。二战时期，住房工作重点转向解决战时住房问题。二战结束后，由于大量军人复员和军工企业裁员，“房荒”问题凸显，在这种情况下，美国政府颁布1949住房法，标志着公共住房建设计划的重新启动。法案明确，政府在6年内建设81万套低租金的公共住房。随着征地权问题的解决，以及法案中“等量清除”[①]原则的取消，激发了私人开发商在此类住房领域投资的热情，有效缓解了低收入群体的住房问题。在城市更新运动的第一阶段，公共住房建设计划成为美国住房保障的核心。随着战后美国经济的持续繁荣，城市

① 1937年颁布的方案中，等量清楚原则规定，要求每拆除一套贫民住房，就需新建一套公共住房，因此限制了私人开发商对联邦项目的参与热情。

居民收入水平普遍提高，“房荒”问题得以缓解，公共住房项目在50年代下半期被大量削减，此类住房在住房政策中的核心地位逐渐弱化。

第二阶段：20世纪60年代中期到70年代早期（补贴住房建设计划）

截至20世纪50年代末，城市更新运动未能从根本上解决中心城区的衰败问题，随着郊区化的进一步扩张，中心城区沦为黑人、移民等低收入群体的聚居地。60年代中期开始，美国许多城市陷入财政危机，城市公共支出包括住房建设与维修受到严重影响，很多大城市爆发了以种族骚乱为标志的城市危机。为此，公共住房的政策也发生了新的变化，政府出台了两种新型住房补贴计划。一种是1965年推出的直接面向住房需求方的房租援助计划（Rent Supplement Program），即“人头补贴”。另一种是1968年推出的面向住房供应领域的补贴住房建设计划，即“砖头补贴”。

1965年，美国国会通过了《住房与城市发展法》（Housing and Urban Development Act of 1965），推出了新的房租补贴计划，也称“房租援助计划”，该计划主要是提供房租补贴，补贴对象是租住在非公共住房的低收入家庭，补贴额度为住房租金与租户收入的25%之间的差额。根据房租补贴计划，公共住房住户可以长期或短期租赁私有房产主的现有存量住房或新建住房，同时还规定地方住房机构可以购买、租赁、修缮私人房屋作为公共住房的补充，将之提供给低收入家庭居住，从而打破了以往政府住房机构作为住房建设者、所有者、管理者三位一体的正统公共住房模式。这一法案需要强大的联邦财力作为后盾，法案实施未达到预期效果。

1968年，联邦政府出台了新的住房与城市发展法。该法案明确要建设600万套低收入家庭住房，同时继续为租住非公共住房的低收入家庭提供租房补贴。除此之外，还推出一项新的计划，即补贴住房建设计划，俗称“砖头补贴”，主要包括两项内容：一项是补贴供应自有住房的第235条款（“自置居所计划”），另一项是补贴供应租赁住房的第236条款（“租赁住宅计划”）。该计划的补贴对象是房产开发商，补贴项目是贷款补贴，激发房产商开发公共住房的积极性，以增加公共住房的数量。但由于建设环节存在资金挪用等问题，计划实施效果与预期有较大差距。

单纯加大公共住房的建设力度，既加重了联邦政府的财政负担，也不可能从根本上解决低收入家庭的住房问题。20世纪70年代中期美国对住房政策进行了调整，补贴对象由住房供给方转向需求方，即由房产开发商转为住房需求者。

第三阶段：20世纪70年代中期至今（房租补贴计划）

20世纪六七十年代，全美许多城市债台高筑。由于公共住房建设计划耗资巨大，陷入财政危机中的城市政府无力继续资助大规模的公共住房建设。住房市场的主要问题也发生了变化，住房供需矛盾已得到缓解，此时的主要问题是低收入家庭房租支出在总收入中所占比重过高。因此，1974年，联邦政府出台住房与社区发展法，终止了公共住房计划，同时联邦政府在补贴住房建设计划中的作用也有所调整，将联邦住房补贴的对象由住房供应者转向住房需求者，完成了补贴方式由“砖头补贴”为主向“人头补贴”为主的过渡。

住房与社区发展法主要包括两项内容：一项是一揽子拨款基金计划，联邦政府试图减少自己在住房环节中的作用。另一项是第8条款存量住房计划（The section 8 Existing Housing Program，也称“租金证明计划”），根据此条款，联邦政府取消了1968年住房法案的补贴住房计划，并为低收入家庭提供住房补贴，资格合格的可从地方住房管理机构获得租金证明，到市场上去求租满足规定质量等级和租金限额以内的住房。第8条款租金证明计划规定，任何家庭用于住房的支出不应超过家庭总收入的25%（1983年调整为30%），低收入家庭、62岁以上的孤寡老人、残障人士、无家可归者等，若在住房市场上所租住房的“公平市场租金”超过这一限度，政府将为租户提供这一“差额”补贴。

自此以后，美国针对低收入阶层的住房政策基本上以住房补贴为主。同时，这一法案将联邦住房援助由住房供应领域转到住房消费领域，联邦补贴一步到位，让低收入者直接受惠，并在最大程度上减少了政府对住房生产和分配的干预，让穷人有机会选择自己的住房。此外，还充分调动了地方政府和房地产开发商的参与热情。

20世纪80年代以来，公共住房政策延续上一时期的政策，以房租补贴为主。1984年，里根政府提出了新的“租金优惠券计划”，政府发放给受保障家庭一定的租金优惠券，当受保障对象租住租金低于政府规定的住房时，可以保留未花完的租金优惠券；当受保障对象租住租金高于政府规定的住房时，超出租金优惠券的部分由租户承担。

1990 年，布什政府出台“国民可承担住宅”法案，一方面通过担保和信用证明方式为租客提供帮助，有效利用现存的住宅；另一方面，将住宅自有化作为主要战略，实施“人人拥有居住机会”计划，把公屋出售，并将住房问题与社区公共服务相融合。后来，克林顿政府时期，联邦政府将“租金证明计划”与“租金优惠券计划”合并成一项新的“住房选择优惠券计划”。要求申请该计划的家庭至少要拿出家庭收入的 30% 来支付房租。到小布什政府时期，联邦政府除了继续实施以房租补贴为主的住房政策外，还试图将部分职责下放给地方政府，以减少联邦对城市住房领域的干预。

四、中国香港住房保障的实践经验

香港从 1954 年开始实施公屋计划，经过 60 多年的努力，成功摸索出一套具有自身特色的运行机制，有效防范了住房保障对象骗租、骗购现象以及“退出难”等问题。香港保障房实践的经验和特点主要有以下几方面：

第一，全面完善的公共住房政策法规体系减少了虚报材料的现象。

香港已经形成了相互补充的比较完整和完善的住房保障法律体系，通过详尽的政策、法规来规范公共租赁房屋制度的运行。为保证将公屋租给真正有需要的家庭，香港政府制定了严格的规定，有关申请人只能享受一次福利政策（租住公屋或购买居屋），公屋租住权不能自动世代相传。若住户虚报资料，房屋委员会可终止其租约，并根据香港法例第 283 章《房屋条例》第 26 条规定予以检控。香港法例规定，任何人士如故意向房屋委员会虚报资料，即属违法，很可能被刑事起诉，一经定罪，可判罚 2 万港元及监禁 6 个月。

第二，专业化的公共租住房屋管理机构保证公屋资源公平分配。

香港房屋委员会是法定决策机构，负责推行香港公共房屋计划，策划和兴建公共房屋，把公共房屋出租或出售给低收入者。其中，房屋署是公共房屋的执行机构，其职责是提供公共房屋、向私营机构采购服务、评核各类公共住户家庭资产状况，以及提供房屋贷款和津贴等方面，负责执行既定的政策和实物工作。房屋署还可根据房屋条例，向有关住户发出退出公共住房的通知，终止其租住权及收回其居住的公屋。为了打击滥用公屋现象，成立了“善用公屋资源分组”。“善用公屋资源分组”除处理被怀疑个案外，还会严格审查公屋租户及各类资助房屋计划申请人士的入息和资产申报，以防止公屋资源被滥用。

第三，严格的公共租住房屋资格审核制度保障公屋的有效退出。

香港政府公共租住房屋管理部门对入住廉价公屋住户的资格给予严格限定和周期性审核。房屋署每 2 年审定一次入息限额、公屋租金及公屋住户入息。入息限额可参照家庭各项必需品的平均开支以及市场租金而定，家庭月入息在规定限额以下者，可以申请轮候租住宅区廉价公屋，政府以租金补贴为主、实物配租为辅的方式逐步予以解决。家庭收入超过入息限额 2 到 3 倍以内的，必须缴交一倍半租金，超过入息限额 3 倍的将交双倍租金。公屋租住户绝对不可以将公屋转租给他人牟利；如果租住户购买了私人物业，必须马上将公屋还给政府。

第四，发达的个人信用评估体系提高了政策的“瞄准效率”。

个人信用系统是市场经济发展到一定阶段的产物，在欧美国家已有近 200 年的发展历史，在中国香港地区也已发展了 20 多年。由于香港具有发达的信用体系和个人信用评估系统，因此，房屋署对公屋租住户的审核非常简单，公屋租住户在进行决策的过程中，会清楚地意识到选择欺骗行为的后果，从而会主动退出公屋。

第五，有效的退出优惠政策措施促使条件转好家庭主动退出。

为达到鼓励条件转好的中低收入家庭退出公共租住房屋，香港政府制定了《资助自置居所》《获取其他形式资助房屋后交回公屋单位》等政策，以政策杠杆鼓励有能力的中低收入家庭自置居屋。香港政府早在 1978 年就推出“居者有其屋”计划及私人机构参建居屋计划，并以特惠折扣价出售居屋，协助符合资格的中低收入家庭和公屋租住户置业。在香港，对于在公共租住房屋住满 10 年以上者，家庭总收入又超逾资助入息限额的租住户，政府则通过租金杠杆使其进入“资助自置居所”队伍，购买“居屋”，从而腾出廉租房屋给轮候登记册上的申请家庭。或者申请“自置居所贷款”自购私人楼宇，2003 年 1 月房屋委员会推出新的置业资助贷款计划，向符合资格的申请人提供 39 万—53 万元的免息贷款，或为期 48 个月每月高达 3800 元的按揭还贷补助金。

附录五：我国部分地区住房保障对象罚则汇总及对比

一、部分省市住房保障对象罚则汇总

<table>
<tr><th>地区</th><th>阶段</th><th>违规行为</th><th>罚 则</th></tr>
<tr><td rowspan="11">北京</td><td rowspan="3">申请环节</td><td>申请人隐瞒有关情况或者提供虚假材料申请公共租赁住房的</td><td>市、县级人民政府住房保障主管部门不予受理，给予警告，并记入公共租赁住房管理档案</td></tr>
<tr><td>以欺骗等不正当手段，登记为轮候对象或者承租公共租赁住房的</td><td>由市、县级人民政府住房保障主管部门处以 1000 元以下罚款，记入公共租赁住房管理档案；登记为轮候对象的，取消其登记；已承租公共租赁住房的，责令限期退回所承租公共租赁住房，并按市场价格补缴租金，逾期不退回的，可以依法申请人民法院强制执行，承租人自退回公共租赁住房之日起 5 年内不得再次申请公共租赁住房。</td></tr>
<tr><td>不如实申报家庭住房等情况，骗租公共租赁住房的</td><td>由产权单位解除租赁合同，承租家庭应当退出住房并按房屋产权单位规定的标准补交租金；骗租行为记入信用档案，5 年内不得申请政策性住房。</td></tr>
<tr><td rowspan="8">使用环节</td><td>承租家庭有转租、转借、闲置、改变用途、违章搭盖、擅自拆改房屋和违规使用公共空间等违规行为或其他违反租赁合同约定行为的</td><td>公共租赁住房产权单位房管员应按租赁合同约定及时制止，制作询问笔录。当事人不配合无法制作询问笔录的，房管员应及时做好工作记录。承租家庭拒不改正的，产权单位应按房屋租赁合同约定处理，直至解除租赁合同，要求家庭退出公共租赁住房。</td></tr>
<tr><td>将房屋转租、转借或者擅自调换承租住房的</td><td rowspan="7">责令退回承租住房的家庭，产权单位可给予两个月的过渡期，过渡期内按照同区域、同类型住房的市场租金收取租金；逾期仍拒不退回的，公共租赁住房产权单位可以向人民法院提起诉讼，要求承租人腾退公共租赁住房，并按租赁合同约定，按照两倍公共租赁住房租金标准收取租金。</td></tr>
<tr><td>改变承租住房用途或房屋结构</td></tr>
<tr><td>破坏或者擅自装修承租住房，拒不恢复原状的</td></tr>
<tr><td>连续 3 个月以上在承租住房内居住不满 30 日的</td></tr>
<tr><td>累计 3 个月未按照合同约定交纳租金的</td></tr>
<tr><td>被区县住房保障管理部门取消公共租赁住房配租资格的</td></tr>
<tr><td>其他违反法律法规规定及租赁合同行为的</td></tr>
</table>

续表

<table>
<tr><th>地区</th><th>阶段</th><th>违规行为</th><th>罚　则</th></tr>
<tr><td rowspan="15">北京</td><td rowspan="15">使用环节</td><td>承租家庭有将房屋转租、转借、擅自调换、闲置、改变用途等违规行为及在房屋内从事违法活动的</td><td>产权单位应及时向区县住房保障管理部门报告。经核实后，区县住房保障行政管理部门应取消家庭保障资格，并通过媒体公示，记入信用档案，5 年内不得再次申请保障性住房，并按照《公共租赁住房管理办法》（住房和城乡建设部令第 11 号）相关规定予以处理。</td></tr>
<tr><td>承租人累计 6 个月以上拖欠租金的</td><td>应当腾退所承租的公共租赁住房；拒不腾退的，公共租赁住房的所有权人或者其委托的运营单位可以向人民法院提起诉讼，要求承租人腾退公共租赁住房。</td></tr>
<tr><td>转借、转租或者擅自调换所承租公共租赁住房的</td><td rowspan="5">由市、县级人民政府住房保障主管部门责令按市场价格补缴从违法行为发生之日起的租金，记入公共租赁住房管理档案，处以 1000 元以下罚款；有违法所得的，处以违法所得 3 倍以下但不超过 3 万元的罚款；承租人自退回公共租赁住房之日起 5 年内不得再次申请公共租赁住房；造成损失的，依法承担赔偿责任。</td></tr>
<tr><td>改变所承租公共租赁住房用途的</td></tr>
<tr><td>破坏或者擅自装修所承租公共租赁住房，拒不恢复原状的</td></tr>
<tr><td>在公共租赁住房内从事违法活动的</td></tr>
<tr><td>无正当理由连续 6 个月以上闲置公共租赁住房的</td></tr>
<tr><td>租赁期内，通过购买、受赠、继承等方式获得其他住房并不再符合公共租赁住房配租条件的</td><td rowspan="2">搬迁期满不腾退公共租赁住房，承租人确无其他住房的，应当按照市场价格交纳租金；承租人有其他住房的，公共租赁住房的所有权人或者其委托的运营单位可以向人民法院提起诉讼，要求承租人腾退公共租赁住房。</td></tr>
<tr><td>租赁期内，承租或者承购其他保障性住房的</td></tr>
<tr><td>将承租住房转借、转租的</td><td rowspan="6">承租家庭有以上行为之一的，产权单位可与承租家庭解除租赁合同，收回住房。</td></tr>
<tr><td>擅自改变承租住房居住用途的</td></tr>
<tr><td>连续 6 个月以上未在承租住房内居住的</td></tr>
<tr><td>连续 3 个月以上未按期交纳租金的</td></tr>
<tr><td>获得其他形式政策性住房保障的</td></tr>
<tr><td>其他违反租赁合同行为</td></tr>
</table>

续表

<table>
<tr><th>地区</th><th>阶段</th><th>违规行为</th><th>罚 则</th></tr>
<tr><td rowspan="3">北京</td><td rowspan="2">退出环节</td><td>期满后未按规定提出续租申请的</td><td>租赁期满应当腾退公共租赁住房；拒不腾退的，公共租赁住房的所有权人或者其委托的运营单位可以向人民法院提起诉讼，要求承租人腾退公共租赁住房。</td></tr>
<tr><td>提出续租申请但经审核不符合续租条件的</td><td>搬迁期满不腾退公共租赁住房，承租人确无其他住房的，应当按照市场价格交纳租金；承租人有其他住房的，公共租赁住房的所有权人或者其委托的运营单位可以向人民法院提起诉讼，要求承租人腾退公共租赁住房。</td></tr>
<tr><td colspan="3">备注：2013 年发布的《北京市公共租赁住房后期管理暂行办法》是对 2012 年发布的《公共租赁住房管理办法》的修正，从内容上来说，申请环节和退出环节没有提出新的要求，只是在使用环节关于违规行为有了新的规定。</td></tr>
</table>

<table>
<tr><td rowspan="5">天津</td><td rowspan="5">申请环节</td><td>违反本办法规定，申请人故意隐瞒、虚报、伪造有关信息，或者采取贿赂等不正当手段申请住房保障的</td><td colspan="3">驳回其申请，并自驳回其申请之日起 5 年内不受理申请人及其配偶的住房保障申请</td></tr>
<tr><td rowspan="3">违反本办法规定，当事人故意隐瞒、虚报、伪造有关信息，或者采取贿赂等不正当手段已取得住房保障的</td><td>已购买保障性住房的</td><td>责令退回或者按照市场评估价格补足差额，可处 2 万元罚款，终身不再受理当事人及其配偶的住房保障申请</td><td rowspan="3">对拒不履行处理决定的，区县房屋行政主管部门可以向有管辖权的人民法院申请强制执行</td></tr>
<tr><td>已承租公共租赁住房的</td><td>责令限期退出承租的公共租赁住房，可处 1000 元罚款，并自退回公共租赁住房之日起 5 年内不再受理当事人及其配偶的住房保障申请</td></tr>
<tr><td>已领取住房租赁补贴的</td><td>停发补贴并责令限期退还违规领取的住房租赁补贴，可处 3000 元罚款，并自责令退还决定之日起 5 年内不再受理当事人及其配偶的住房保障申请</td></tr>
<tr><td>廉租住房保障对象虚报、瞒报家庭人口、家庭收入、家庭住房情况及伪造相关证明的</td><td colspan="3">区县房管、民政部门和街道办事处（乡镇人民政府）不予受理，并由住房保障主管部门给予警告；对已经登记但尚未获得廉租住房保障的，取消其登记；对以欺骗等不正当手段，已经获得廉租住房保障的，责令其退还已领取的租房补贴，或者退出实物配租的廉租住房。情节恶劣的，按照相关规定，予以处罚</td></tr>
</table>

续表

<table>
<tr><th>地区</th><th>阶段</th><th>违规行为</th><th colspan="3">罚则</th></tr>
<tr><td rowspan="12">天津</td><td rowspan="12">使用环节</td><td>申请人自接到通知60日内未办理入住手续的</td><td colspan="3">视为自动放弃</td></tr>
<tr><td>将承租住房转借、转租、空置的</td><td colspan="3" rowspan="5">公共租赁住房承租人违反租赁合同有以上行为之一的，公共租赁住房经营单位有权依法单方解除租赁合同并收回住房；造成损失的，公共租赁住房经营单位有权要求承租人赔偿损失</td></tr>
<tr><td>擅自改变承租住房用途、结构和配套设施的</td></tr>
<tr><td>欠缴租金累计满6个月的</td></tr>
<tr><td>不再符合公共租赁住房承租条件的</td></tr>
<tr><td>法律、法规或者规章规定的其他情况</td></tr>
<tr><td>公共租赁住房承租人欠缴租金的</td><td colspan="3">公共租赁住房经营单位可以按照规定或者依据租赁合同约定从承租人的租房保证金及利息中抵扣租金</td></tr>
<tr><td>公共租赁住房承租人在租赁期内，购买保障性住房，或者通过购买、受赠、继承等方式获得其他住房的</td><td colspan="3">逾期不退出的，公共租赁住房经营单位可以向房屋所在地的区县人民法院提起民事诉讼。解除租赁合同至腾退住房期间的房屋使用费，按照租赁合同约定的租金标准计收</td></tr>
<tr><td rowspan="3">违反规定，应当申报而拒不申报或者不如实申报的</td><td>经查实仍符合住房保障条件但需要调整其补贴标准的</td><td>予以警告并责令退还违规领取的住房租赁补贴</td><td rowspan="3">对拒不履行处理决定的，区县房屋行政主管部门可以向有管辖权的人民法院申请强制执行</td></tr>
<tr><td>经查实不符合住房租赁补贴条件</td><td>自相关情况变化次月起停止发放住房租赁补贴，并责令退还违规领取的住房租赁补贴</td></tr>
<tr><td>对未按照规定进行年度申报的家庭</td><td>自该家庭准予享受住房租赁补贴满1年的次月起停发补贴</td></tr>
<tr><td>对申请人不接受检查的</td><td colspan="3">暂停发放租房补贴</td></tr>
</table>

续表

地区	阶段	违规行为	罚则
天津	使用环节	对申请人伪造相关证明，虚报、瞒报家庭人口、收入、住房等情况	由住房保障主管部门取消其享受经济租赁房资格；对已骗取的租房补贴，从申请人缴存的租赁保证金中抵扣，对已经骗租的经济租赁房，由市保障住房服务中心收回
		申请人提前解除租赁合同而未及时告知租赁中心的	
		将享受租房补贴租赁的住房转借、转租或擅自改变房屋用途	停止发放租房补贴
		拆改房屋结构或将廉租住房转让、转租、转借他人或改变房屋用途	市住保办应将该住房收回，未交纳的房租经司法程序后，从其拆迁补偿安置费本金中扣除
		连续6个月以上未交纳房租	
		无正当理由住房空置6个月的	
	退出环节	公共租赁住房承租人在租赁合同期限届满前未按规定申请续租或者所提申请经审核不再符合承租条件的	逾期不退出的，公共租赁住房经营单位可以向房屋所在地的区县人民法院提起民事诉讼。解除租赁合同至腾退住房期间的房屋使用费，按照租赁合同约定的租金标准计收
		公共租赁住房租赁合同解除的	
		承租家庭应腾退住房而拒不腾退的	由经营管理单位向房屋所在区人民法院提起诉讼。承租家庭腾退住房时，所欠缴的房租和物业管理费等有关费用，应予以补齐
		对应当腾退住房而拒不腾退的	市保障住房服务中心可以依法向人民法院起诉
		有能力自行改善住房条件的家庭拒不腾退的	按照届时市场租金标准续租或由住房保障管理部门向人民法院提起诉讼
		有能力自行改善住房条件的家庭在腾退住房时所欠缴的房租和物业管理费等有关费用拒不补缴的	住房保障管理部门可向人民法院提起诉讼，经司法程序后，从其拆迁补偿安置费本金中扣除
	备注：2013年发布的《天津市人民政府关于进一步明确住房保障管理有关问题的通知》是对2012年发布的《天津市基本保障房管理办法》的补充，增加了使用过程中对家庭情况变更的申报以及退出环节的规定		

续表

地区	阶段	违规行为	罚则
江苏睢宁	申请环节	低收入住房困难家庭隐瞒有关情况或者提供虚假材料申请廉租住房保障的	县房管部门不予受理，并给予警告，申请人在2年内不得再次申请住房保障
		以欺骗等不正当手段取得审核同意或者获得廉租住房保障的	由县房管部门给予警告。对已经登记但尚未获得廉租住房保障的，取消其登记；对已经获得廉租住房保障的，责令其退还已领取的租赁住房补贴，或者退出实物配租的住房；2年内不得再次申请住房保障；情节严重的，5年内不得再次申请住房保障
		对弄虚作假、隐瞒家庭收入和住房条件，骗购经济适用住房的	由县房管部门限期按购房人原出资额并考虑折旧等因素作价收回所购住房，依法记入个人征信记录并追究责任。逾期不退回的，依法申请人民法院强制执行。为申购人及其家庭成员出具虚假证明的，依法记入征信记录，并追究相关人员责任。被记入征信记录的申购人及其家庭成员，5年内不得再申请经济适用住房或者其他住房保障
		对当期已抽得入围号取得购房资格或者已轮候到位的低收入和中等偏下收入住房困难家庭，因各种原因而放弃此轮购房的	2年内不得再申请购买经济适用住房
		无正当理由不签订公共租赁住房租赁合同或者未在规定时间办理入住手续的	作弃权处理，2年内不得再次申请公共租赁住房
		申请人隐瞒或伪造住房、收入等情况，骗取公共租赁住房申请资格的	县房管部门取消其申请资格。已经承租公共租赁住房的，由县房管部门责令其退回，并按照市场租金标准追缴承租期的租金，依法记入个人征信记录。自动取消申请资格或责令退还之日起5年内不得再申请公共租赁住房。 用人单位为申请人出具虚假证明材料的，由相关部门依法查处，并依法记入企业征信记录

续表

<table>
<tr><th>地区</th><th>阶段</th><th>违规行为</th><th>罚则</th></tr>
<tr><td rowspan="12">江苏睢宁</td><td rowspan="10">使用环节</td><td>将所承租的廉租住房转借、转租或者改变用途的</td><td rowspan="3">按照合同约定退回廉租住房；实物配租的承租人未按照合同约定退回廉租住房的，县房管部门应当责令承租人限期退回；逾期未退回的，可以按合同约定，按照同地段市场租金水平交纳房租。
承租人拒绝接受前款规定处理的，由县房管部门向人民法院提起诉讼</td></tr>
<tr><td>无正当理由连续 6 个月以上未在所承租的廉租住房居住的</td></tr>
<tr><td>无正当理由累计 6 个月以上未交纳廉租住房租金的</td></tr>
<tr><td>转租、出借、擅自调换或者从事经营活动的</td><td rowspan="7">公共租赁住房承租人有以上行为之一的，解除租赁合同，收回公共租赁住房，5 年内不得申请公共租赁住房；并且按规定未主动退出或者退回公共租赁住房的，由县房管部门责令其退出或者退回。逾期未退出或者退回的，可以按合同约定，按照同地段市场租金水平交纳房租。
承租人拒绝接受前款规定处理的，由县房管部门向人民法院提起诉讼。</td></tr>
<tr><td>破坏或者擅自装修承租的公共租赁住房，拒不恢复原状的</td></tr>
<tr><td>无正当理由连续 3 个月以上未实际居住的</td></tr>
<tr><td>累计拖欠租金 3 个月以上的</td></tr>
<tr><td>在公共租赁住房中从事违法活动的</td></tr>
<tr><td>其他违反租赁合同约定的</td></tr>
<tr style="display:none"></tr>
<tr><td rowspan="2">退出环节</td><td>租赁期届满，承租人未再续租的</td><td rowspan="2">有以上行为之一的，解除租赁合同，收回公共租赁住房，5 年内不得申请公共租赁住房；并且按规定未主动退出或者退回公共租赁住房的，由县房管部门责令其退出或者退回。逾期未退出或者退回的，可以按合同约定，按照同地段市场租金水平交纳房租。
承租人拒绝接受前款规定处理的，由县房管部门向人民法院提起诉讼</td></tr>
<tr><td>承租人不再符合公共租赁住房租住条件的</td></tr>
<tr><td colspan="3">备注：2012 年发布的规定明确指出，2007 年发布的经济适用房管理办法和廉租房管理办法同时废止。</td></tr>
</table>

续表

<table>
<tr><th>地区</th><th>阶段</th><th>违规行为</th><th colspan="3">罚则</th></tr>
<tr><td rowspan="5">广州</td><td rowspan="5">申请环节</td><td rowspan="2">隐瞒或者虚报家庭人口、户籍、年龄、婚姻、收入、资产和住房等状况，或者采取不正当手段，申请保障房或租赁补贴的</td><td>不符合条件的</td><td>由县级以上人民政府住房保障主管部门驳回申请，并处以1000元以下罚款，自驳回申请之日起10年内不予受理其住房保障申请</td><td rowspan="2">申请人故意隐瞒、虚报或者伪造有关信息骗取城镇住房保障构成犯罪的，依法追究刑事责任</td></tr>
<tr><td>符合条件但有上述违法行为的</td><td>除驳回其申请、处1000元以下罚款外，3年内不予受理其住房保障申请</td></tr>
<tr><td>拒不配合审查、经审查不合格或者因公示期内有异议经核实成立的</td><td colspan="3">由街道办事处或者镇人民政府和住房保障实施机构退回申请，并书面说明理由</td></tr>
<tr><td>申请人以虚报、瞒报情况或提供虚假证明材料等手段骗取廉租住房保障的</td><td colspan="3">由市房改办住建办收回房屋，并按同期市场租金标准追缴占用期间的房屋租金，或追回已发放的租赁补贴、已核减的租金；构成犯罪的，移送司法机关依法追究刑事责任
对出具虚假证明的组织和个人，由市房改办住建办提请其上级主管部门或监察部门依法追究相关责任人员的责任；构成犯罪的，移送司法机关依法追究刑事责任</td></tr>
<tr><td>购房人提供家庭收入、资产或住房情况等虚假资料，骗购经济适用住房的</td><td colspan="3">（一）要求其退还所购买的经济适用住房，依法注销其房地产权登记，按照原价退回房价款；如该经济适用住房是购房人及共同申请的家庭成员唯一自有产权住房的，可由购房人按同一地段同一类型商品房市场价补足购房款
（二）按市场价向其计收从购买之日起至退出经济适用住房之日止的租金；
（三）按照购房合同约定承担民事赔偿责任
（四）自退出经济适用住房之日起，5年内不再接受其购买经济适用住房申请
（五）构成犯罪的，移送司法机关追究刑事责任
对出具虚假证明的组织和个人，由市房改办住建办提请其上级主管部门或监察部门依法追究相关责任人员的责任；构成犯罪的，移送司法机关追究刑事责任</td></tr>
</table>

续表

地区	阶段	违规行为	罚则
广州	使用环节	无正当理由连续 6 个月以上未在保障房内居住的	有以上情形之一的，应当按照合同约定支付违约金，住房保障实施机构应当根据合同约定或者法定情形，解除合同并收回保障房；违反以上规定的，由县级以上人民政府住房保障主管部门责令改正，没收违法所得，并处 1000 元以下罚款；情节严重的，自处罚决定之日起 5 年内不再受理其住房保障申请
		无正当理由连续 2 个月或者累计 6 个月以上未交纳租金的	
		擅自互换、出借、转租、抵押保障房的	
		将保障房用于经营性用途或者改变使用功能的	
		因故意或者重大过失，造成租赁的保障房严重毁损的	
		存款、股票基金等资产价值超过规定数额或者经审核不再符合保障条件的	
		法律、法规规定或者合同约定的其他违法、违约情形	
		未经住房保障和城乡规划主管部门同意，承租人不得擅自改建、重建保障房及其附属设施	由县级以上人民政府住房保障主管部门责令限期改正，予以警告，并处 500 元以上 1000 元以下罚款
		不配合监督检查	情节严重的，由住房保障主管部门取消其住房保障资格
		申请人擅自将租住的住房转让、转租、出借、调换的	有以上情形之一的，市房改办住建办收回房屋，或追回已发放的租赁补贴、已核减的租金，并依法追究相关人员责任；构成犯罪的，移交司法机关依法追究刑事责任；违反本办法规定的，应当同时取消申请人及共同申请家庭成员的保障资格，5 年内不得再受理其申请
		无正当理由连续拖欠租金 3 个月或累计拖欠租金 6 个月的	
		无正当理由连续空置住房 3 个月以上的	
		擅自对实物配租的住房进行装修和扩建、加建、改建、改变房屋结构或改变其使用性质的	
		故意损坏实物配租的住房及其附属设备的	
		违反《广州市房屋租赁管理规定》有关规定的	

续表

地区	阶段	违规行为	罚则
广州	使用环节	将经济适用住房出租、出借	（一）要求其退还所购买的经济适用住房，依法注销其房地产权登记，退回房价款；退回房价款按原购房价格每年扣减1%计算 （二）依照购房合同约定追回出租、出借所得租金，并承担其他民事赔偿责任 （三）自退出经济适用住房之日起，5年内不再接受其购买经济适用住房申请 前款所称的不符合经济适用住房条件的情形包括申请人及共同申请的家庭成员隐瞒在购买经济适用住房后再购买住房，因赠与、离婚析产而获得经济适用住房产权的家庭不符合经济适用住房条件等情形
		无正当理由连续空置6个月以上的	
		隐瞒发生不符合经济适用住房继续享受条件情形的	
	退出环节	保障房租赁合同或者租赁补贴协议期限届满需要续期的，经审核不符合条件的	住房保障实施机构应当在原租赁合同或者租赁补贴协议期限届满之日，收回保障房或者停止发放租赁补贴
		无正当理由逾期不搬迁的	住房保障实施机构应当责令其搬迁，拒不执行的，可以依法申请人民法院强制执行，并按照同期同区域同类型住房市场租金的2倍收取租金
	备注：2013年发布的管理办法并没有提及以往的规定，并且对2007年关于经济适用房和廉租房的管理办法有了一定的变更和扩充，不能确定2013年以前的规定是否还适用		
武汉	申请环节	弄虚作假、隐瞒家庭收入和住房条件，骗购经济适用住房的	由房管部门取消其购房资格，对已购住房限期按原价格并考虑折旧等因素作价回购，并提请相关部门对出具虚假证明的责任人依法处理。
		变造、伪造申请购买经济适用住房证明材料的	区房管部门取消购房人的购房资格，对已购住房予以收回；违反治安管理有关规定的，由公安机关予以查处；涉嫌犯罪的，由司法机关依法追究刑事责任。

续表

<table>
<tr><th>地区</th><th>阶段</th><th>违规行为</th><th>罚则</th></tr>
<tr><td rowspan="14">武汉</td><td>申请环节</td><td>故意隐瞒家庭收入及住房状况的（廉租房）</td><td>区房管部门 2 年内不予受理其廉租住房保障申请；已获得住房租金补贴的，停止发放并责令其退还已领取的租金补贴；已获得配房租赁的，责令其限期退出廉租住房并按市场价格补交以前的住房租金，逾期不退出的，依法申请人民法院强制执行</td></tr>
<tr><td rowspan="13">使用环节</td><td>购房人违反规定出租或者转让经济适用住房的</td><td>由区房管部门责令限期改正，拒不改正的，依规定收回或者按合同约定处理，并取消其再次申请购买经济适用住房的资格</td></tr>
<tr><td>将承租的房屋擅自转租的</td><td rowspan="8">有以上行为之一的，出租人有权终止协议，收回房屋，因此而造成损失的，由承租人赔偿</td></tr>
<tr><td>将承租的房屋擅自转借他人或者擅自调换使用的</td></tr>
<tr><td>拖欠租金累计 6 个月以上的</td></tr>
<tr><td>无正当理由闲置 6 个月以上的</td></tr>
<tr><td>将承租的房屋擅自拆改结构或者改变用途的</td></tr>
<tr><td>利用承租房屋进行违法活动的</td></tr>
<tr><td>故意损坏承租房屋的</td></tr>
<tr><td></td></tr>
<tr><td>无故逾期不支付租金的</td><td>承租对象应缴交滞纳金，滞纳金标准暂按每日 2‰执行</td></tr>
<tr><td>逾期不支付累计超过 3 个月的</td><td>产权单位或授权管理单位可按照合同约定采取措施追缴拖欠租金</td></tr>
<tr><td>逾期不支付租金累计超过 6 个月的</td><td>产权单位或授权管理单位可书面通知承租对象解除租赁合同（自通知书送达之日起解除），收回出租房屋，承租对象 5 年内不得再次申请公共租赁住房，并应依照合同约定赔偿所造成的损失。</td></tr>
<tr><td>对以欺骗等不正当手段取得租金补贴的</td><td>区房管部门可责令其退还违规领取的补贴资金，并取消其公共租赁住房租赁资格</td></tr>
</table>

续表

地区	阶段	违规行为	罚则
武汉	退出环节	暂无	暂无
	备注：2009 年发布的管理办法明确提出 2008 年发布的关于经济适用房和廉租房管理办法废止。		
成都	申请环节	暂无	暂无
	使用环节	擅自将廉租住房、公共租赁住房转租、转借、调换、改变房屋结构和使用用途、破坏或擅自装修的、无正当理由连续 6 个月以上闲置的	（一）市公管中心出具整改通知书，物业服务企业将该通知书送达违规使用者 （二）市公管中心会同物业服务企业督促违规使用者在《整改通知书》规定的期限内进行整改 （三）违规使用者逾期拒不纠正违规行为的，市公管中心依照法律规定和租赁合同的约定，书面告知违规使用者解除合同，并要求违规使用者限期腾退保障性住房 （四）物业服务企业将该告知书送达违规使用者 （五）市公管中心会同物业服务企业督促违规使用者限期腾退保障性住房 （六）违规使用者逾期拒不腾退的，市公管中心依照法律规定和合同约定，向人民法院提起诉讼，要求违规使用者腾退保障性住房
		在租赁型保障性住房内从事违法活动的	（一）市公管中心依照法律规定和租赁合同的规定，书面告知违规使用者解除合同，并要求违规使用者限期腾退保障性住房 （二）物业服务企业将该告知书送达违规使用者 （三）市公管中心会同物业服务企业督促违规使用者限期腾退保障性住房 （四）违规使用者逾期拒不腾退的，市公管中心依照法律规定和合同约定，向人民法院提起诉讼，要求违规使用者腾退保障性住房

续表

地区	阶段	违规行为	罚则
成都	使用环节	擅自将经济适用住房违规出售、出租、出借、无正当理由连续六个月闲置、改变住房用途的	（一）市公管中心出具整改通知书，物业服务企业将该通知书送达违规使用者 （二）市公管中心会同物业服务企业督促违规使用者在《整改通知书》规定的期限内进行整改 （三）违规使用者逾期拒不纠正违规行为的，市公管中心告知经济适用住房的出卖人 （四）经济适用住房的出卖人依据法律规定和购房合同的约定，根据购房时间分别予以处理：自合同备案之日（未备案的以购房家庭办理产权登记之日）起不满5年的，按原价格收回所出售的住房；自合同备案之日（未备案的以购房家庭办理产权登记之日）起购房满5年的，按原价格收回所出售的住房或要求违规使用者完善产权 （五）违规使用者拒不接受处理的，经济适用住房的出卖人依照法律规定和合同约定向人民法院提起诉讼
		在合同备案之日起未满（未备案的以购房家庭办理产权登记之日）5年擅自将限价商品住房违规出租、出借、改变住房用途的	（一）市公管中心出具整改通知书，物业服务企业将该通知书送达违规购房者 （二）市公管中心会同物业服务企业督促违规使用者在《整改通知书》规定的期限内进行整改 （三）违规使用者逾期拒不纠正违规行为的，市公管中心告知限价商品住房的出卖人 （四）限价商品住房的出卖人依照法律规定和合同约定，按原价格收回所出售的住房 （五）违规购房者拒不接受处理的，限价商品住房的出卖人依照合同约定向人民法院提起诉讼。
		无正当理由累计6个月以上未交纳租赁型保障性住房租金的	（一）市公管中心依照法律规定和租赁合同的规定，书面告知违规使用者解除合同，并要求违规使用者限期腾退保障性住房 （二）物业服务企业将该告知书送达违规使用者 （三）市公管中心会同物业服务企业督促违规使用者限期腾退保障性住房 （四）违规使用者逾期拒不腾退的，市公管中心依照法律规定和合同约定向人民法院提起诉讼，要求违规使用者腾退保障性住房

续表

<table>
<tr><th>地区</th><th>阶段</th><th>违规行为</th><th>罚则</th></tr>
<tr><td rowspan="9">成都</td><td rowspan="7">使用环节</td><td>在年审中发现住房和收入状况发生变化，不再符合承租条件的</td><td rowspan="7">承租公共住房的家庭有以上情形之一的，由市住房保障中心作出取消承租资格的决定，由管理机构收回承租的公共住房</td></tr>
<tr><td>未如实申报家庭收入、家庭人口及住房状况的</td></tr>
<tr><td>未及时交纳租金，经催告在规定的期限内仍未交纳的</td></tr>
<tr><td>擅自改变房屋用途的</td></tr>
<tr><td>将承租的住房转借、转租的</td></tr>
<tr><td>无正当理由连续 6 个月以上未在承租的住房居住的</td></tr>
<tr><td>其他应该取消承租资格的情形</td></tr>
<tr><td rowspan="2">退出环节</td><td>租赁型保障性住房租赁合同期限届满时未重新申请的</td><td>（一）市公管中心书面告知违规使用者限期腾退保障性住房；物业服务企业将该告知书送达违规使用者
（二）市公管中心会同物业服务企业督促违规使用者限期腾退保障性住房
（三）违规使用者逾期拒不腾退的，市公管中心依照法律规定和合同约定，向人民法院提起诉讼，要求承租人腾退保障性住房</td></tr>
<tr><td>租赁型保障性住房的承租人提出续租申请但经审核不符合续租条件的</td><td>（一）市公管中心为其安排合理的搬迁期，搬迁期内租金按照相关规定和合同约定的租金数额交纳
（二）搬迁期满不腾退保障性住房，承租人确无其他住房的，应当按照市场价格交纳租金
（三）承租人有其他住房但在搬迁期满后拒不腾退保障性住房的，市公管中心依照法律规定和合同约定向人民法院提起诉讼，要求承租人腾退保障性住房</td></tr>
</table>

续表

地区	阶段	违规行为	罚则
成都	备注：原有关规定与本程序不一致的，按本程序执行；2007 年发布的《成都市城市公共保障住房租赁管理实施暂行办法》只涉及了使用环节的七种情形，而对申请环节和退出环节的违规行为并未明确其法则；2012 年发布的《保障性住房违规使用行为处理程序》明确了使用和退出环节的罚则。		

二、不同地区住房保障对象罚则对比

阶段	违规行为	各地罚则
申请环节	申请人隐瞒有关情况或者提供虚假材料申请住房保障的	市、县级人民政府住房保障主管部门不予受理，给予警告，并记入公共租赁住房管理档案。——北京
		驳回其申请，并自驳回其申请之日起 5 年内不受理申请人及其配偶的住房保障申请。——天津
		县房管部门不予受理，并给予警告，申请人在 2 年内不得再次申请住房保障。——江苏睢宁
		不符合条件的由县级以上人民政府住房保障主管部门驳回申请，并处以 1000 元以下罚款，自驳回申请之日起 10 年内不予受理其住房保障申请；符合条件但有上述违法行为的除驳回其申请、处 1000 元以下罚款外，3 年内不予受理其住房保障申请。申请人故意隐瞒、虚报或者伪造有关信息骗取城镇住房保障构成犯罪的，依法追究刑事责任。——广州
		区房管部门 2 年内不予受理其廉租住房保障申请；已获得住房租金补贴的，停止发放并责令其退还已领取的租金补贴；已获得配房租赁的，责令其限期退出廉租住房并按市场价格补交以前的住房租金，逾期不退出的，依法申请人民法院强制执行。——武汉
使用环节	承租家庭有转租、转借、闲置、改变用途、违章搭盖、擅自拆改房屋和违规使用公共空间等违规行为	公共租赁住房产权单位房管员应按租赁合同约定及时制止，制作询问笔录。当事人不配合无法制作询问笔录的，房管员应及时做好工作记录。承租家庭拒不改正的，产权单位应按房屋租赁合同约定处理，直至解除租赁合同，要求家庭退出公共租赁住房。（2013 年）——北京

续表

阶段	违规行为	各地罚则
使用环节	承租家庭有转租、转借、闲置、改变用途、违章搭盖、擅自拆改房屋和违规使用公共空间等违规行为	公共租赁住房经营单位有权依法单方解除租赁合同并收回住房；造成损失的，公共租赁住房经营单位有权要求承租人赔偿损失。（2012 年）——天津
		廉租房： 按照合同约定退回廉租住房；实物配租的承租人未按照合同约定退回廉租住房的，县房管部门应当责令承租人限期退回；逾期未退回的，可以按合同约定，按照同地段市场租金水平交纳房租。承租人拒绝接受前款规定处理的，由县房管部门向人民法院提起诉讼。——江苏睢宁 公租房： 解除租赁合同，收回公共租赁住房，5 年内不得申请公共租赁住房；并且按规定未主动退出或者退回公共租赁住房的，由县房管部门责令其退出或者退回。逾期未退出或者退回的，可以按合同约定，按照同地段市场租金水平交纳房租。 承租人拒绝接受前款规定处理的，由县房管部门向人民法院提起诉讼。——江苏睢宁
		有以上情形之一的，应当按照合同约定支付违约金，住房保障实施机构应当根据合同约定或者法定情形，解除合同并收回保障房；违反以上规定的，由县级以上人民政府住房保障主管部门责令改正，没收违法所得，并处 1000 元以下罚款；情节严重的，自处罚决定之日起 5 年内不再受理其住房保障申请。——广州
		廉租房： 有以上行为之一的，出租人有权终止协议，收回房屋，因此而造成损失的，由承租人赔偿。——武汉 经济适用房： 由区房管部门责令限期改正，拒不改正的，依规定收回或者按合同约定处理，并取消其再次申请购买经济适用住房的资格。——武汉

续表

阶段	违规行为	各地罚则
使用环节	承租家庭有转租、转借、闲置、改变用途、违章搭盖、擅自拆改房屋和违规使用公共空间等违规行为	廉租房和公租房： （一）市公管中心出具整改通知书，物业服务企业将该通知书送达违规使用者 （二）市公管中心会同物业服务企业督促违规使用者在《整改通知书》规定的期限内进行整改 （三）违规使用者逾期拒不纠正违规行为的，市公管中心依照法律规定和租赁合同的约定，书面告知违规使用者解除合同，并要求违规使用者限期腾退保障性住房 （四）物业服务企业将该告知书送达违规使用者 （五）市公管中心会同物业服务企业督促违规使用者限期腾退保障性住房 （六）违规使用者逾期拒不腾退的，市公管中心依照法律规定和合同约定，向人民法院提起诉讼，要求违规使用者腾退保障性住房。——成都
		经济适用房： （一）市公管中心出具整改通知书，物业服务企业将该通知书送达违规使用者； （二）市公管中心会同物业服务企业督促违规使用者在《整改通知书》规定的期限内进行整改； （三）违规使用者逾期拒不纠正违规行为的，市公管中心告知经济适用住房的出卖人； （四）经济适用住房的出卖人依据法律规定和购房合同的约定，根据购房时间分别予以处理：自合同备案之日（未备案的以购房家庭办理产权登记之日）起不满 5 年的，按原价格收回所出售的住房；自合同备案之日（未备案的以购房家庭办理产权登记之日）起购房满 5 年的，按原价格收回所出售的住房或要求违规使用者完善产权； （五）违规使用者拒不接受处理的，经济适用住房的出卖人依照法律规定和合同约定向人民法院提起诉讼。——成都
	租赁期内，通过购买、受赠、继承等方式获得其他保障性住房	搬迁期满不腾退公共租赁住房，承租人确无其他住房的，应当按照市场价格交纳租金；承租人有其他住房的，公共租赁住房的所有权人或者其委托的运营单位可以向人民法院提起诉讼，要求承租人腾退公共租赁住房。——北京
		逾期不退出的，公共租赁住房经营单位可以向房屋所在地的区县人民法院提起民事诉讼。解除租赁合同至腾退住房期间的房屋使用费，按照租赁合同约定的租金标准计收。——天津

续表

阶段	违规行为	各地罚则
		应当腾退所承租的公共租赁住房；拒不腾退的，公共租赁住房的所有权人或者其委托的运营单位可以向人民法院提起诉讼，要求承租人腾退公共租赁住房。——北京
		公共租赁住房承租人违反租赁合同有以上行为之一的，公共租赁住房经营单位有权依法单方解除租赁合同并收回住房；造成损失的，公共租赁住房经营单位有权要求承租人赔偿损失。——天津
		按照合同约定退回廉租住房；实物配租的承租人未按照合同约定退回廉租住房的，县房管部门应当责令承租人限期退回；逾期未退回的，可以按合同约定，按照同地段市场租金水平交纳房租。承租人拒绝接受前款规定处理的，由县房管部门向人民法院提起诉讼。——江苏睢宁
	承租人累计6个月以上拖欠租金的	应当按照合同约定支付违约金，住房保障实施机构应当根据合同约定或者法定情形，解除合同并收回保障房；违反以上规定的，由县级以上人民政府住房保障主管部门责令改正，没收违法所得，并处1000元以下罚款；情节严重的，自处罚决定之日起5年内不再受理其住房保障申请。——广州
使用环节		出租人有权终止协议，收回房屋，因此而造成损失的，由承租人赔偿。（廉租房）——武汉
		（一）市公管中心依照法律规定和租赁合同的规定，书面告知违规使用者解除合同，并要求违规使用者限期腾退保障性住房； （二）物业服务企业将该告知书送达违规使用者； （三）市公管中心会同物业服务企业督促违规使用者限期腾退保障性住房； （四）违规使用者逾期拒不腾退的，市公管中心依照法律规定和合同约定向人民法院提起诉讼，要求违规使用者腾退保障性住房。 ——成都
	无正当理由连续6个月以上闲置保障性住房的	由市、县级人民政府住房保障主管部门责令按市场价格补缴从违法行为发生之日起的租金，记入公共租赁住房管理档案，处以1000元以下罚款；有违法所得的，处以违法所得3倍以下但不超过3万元的罚款。 承租人自退回公共租赁住房之日起5年内不得再次申请公共租赁住房；造成损失的，依法承担赔偿责任。——北京

续表

<table>
<tr><th>阶段</th><th>违规行为</th><th>各地罚则</th></tr>
<tr><td rowspan="6">使用环节</td><td rowspan="4">无正当理由连续6个月以上闲置保障性住房的</td><td>按照合同约定退回廉租住房；实物配租的承租人未按照合同约定退回廉租住房的，县房管部门应当责令承租人限期退回；逾期未退回的，可以按合同约定，按照同地段市场租金水平交纳房租。承租人拒绝接受前款规定处理的，由县房管部门向人民法院提起诉讼。——江苏睢宁</td></tr>
<tr><td>应当按照合同约定支付违约金，住房保障实施机构应当根据合同约定或者法定情形，解除合同并收回保障房；
违反以上规定的，由县级以上人民政府住房保障主管部门责令改正，没收违法所得，并处1000元以下罚款；情节严重的，自处罚决定之日起5年内不再受理其住房保障申请。——广州</td></tr>
<tr><td>出租人有权终止协议，收回房屋，因此而造成损失的，由承租人赔偿。（廉租房）——武汉</td></tr>
<tr><td>（一）市公管中心出具整改通知书，物业服务企业将该通知书送达违规使用者
（二）市公管中心会同物业服务企业督促违规使用者在《整改通知书》规定的期限内进行整改；
（三）违规使用者逾期拒不纠正违规行为的，市公管中心依照法律规定和租赁合同的约定，书面告知违规使用者解除合同，并要求违规使用者限期腾退保障性住房
（四）物业服务企业将该告知书送达违规使用者
（五）市公管中心会同物业服务企业督促违规使用者限期腾退保障性住房
（六）违规使用者逾期拒不腾退的，市公管中心依照法律规定和合同约定，向人民法院提起诉讼，要求违规使用者腾退保障性住房。——成都</td></tr>
<tr><td rowspan="2">在承租房内从事违法活动或是利用承租房屋进行违法活动的</td><td>产权单位应及时向区县住房保障管理部门报告。经核实后，区县住房保障行政管理部门应取消家庭保障资格，并通过媒体公示，记入信用档案，5年内不得再次申请保障性住房，并按照《公共租赁住房管理办法》（住房和城乡建设部令第11号）相关规定予以处理。——北京</td></tr>
<tr><td>应当按照合同约定支付违约金，住房保障实施机构应当根据合同约定或者法定情形，解除合同并收回保障房；违反以上规定的，由县级以上人民政府住房保障主管部门责令改正，没收违法所得，并处1000元以下罚款；情节严重的，自处罚决定之日起5年内不再受理其住房保障申请。——广州</td></tr>
</table>

续表

<table>
<tr><th>阶段</th><th>违规行为</th><th>各地罚则</th></tr>
<tr><td rowspan="2">使用环节</td><td rowspan="2">在承租房内从事违法活动或是利用承租房屋进行违法活动的</td><td>出租人有权终止协议，收回房屋，因此而造成损失的，由承租人赔偿。——武汉（廉租房）</td></tr>
<tr><td>（一）市公管中心依照法律规定和租赁合同的规定，书面告知违规使用者解除合同，并要求违规使用者限期腾退保障性住房
（二）物业服务企业将该告知书送达违规使用者
（三）市公管中心会同物业服务企业督促违规使用者限期腾退保障性住房
（四）违规使用者逾期拒不腾退的，市公管中心依照法律规定和合同约定，向人民法院提起诉讼，要求违规使用者腾退保障性住房。——成都</td></tr>
<tr><td rowspan="6">退出环节</td><td rowspan="3">租赁合同期满后未按规定提出续租申请的</td><td>租赁期满应当腾退公共租赁住房；拒不腾退的，公共租赁住房的所有权人或者其委托的运营单位，可以向人民法院提起诉讼，要求承租人腾退公共租赁住房。——北京</td></tr>
<tr><td>逾期不退出的，公共租赁住房经营单位可以向房屋所在地的区县人民法院提起民事诉讼。解除租赁合同至腾退住房期间的房屋使用费，按照租赁合同约定的租金标准计收。——天津</td></tr>
<tr><td>（一）市公管中心书面告知违规使用者限期腾退保障性住房；物业服务企业将该告知书送达违规使用者
（二）市公管中心会同物业服务企业督促违规使用者限期腾退保障性住房
（三）违规使用者逾期拒不腾退的，市公管中心依照法律规定和合同约定，向人民法院提起诉讼，要求承租人腾退保障性住房。——成都</td></tr>
<tr><td rowspan="3">承租人在合同期满后提出续租申请但经审核不符合续租条件的</td><td>搬迁期满不腾退公共租赁住房，承租人确无其他住房的，应当按照市场价格交纳租金；承租人有其他住房的，公共租赁住房的所有权人或者其委托的运营单位可以向人民法院提起诉讼，要求承租人腾退公共租赁住房。——北京</td></tr>
<tr><td>逾期不退出的，公共租赁住房经营单位可以向房屋所在地的区县人民法院提起民事诉讼。解除租赁合同至腾退住房期间的房屋使用费，按照租赁合同约定的租金标准计收。——天津</td></tr>
<tr><td>住房保障实施机构应当在原租赁合同或者租赁补贴协议期限届满之日，收回保障房或者停止发放租赁补贴。——广州</td></tr>
</table>

续表

阶段	违规行为	各地罚则
退出环节	承租人在合同期满后提出续租申请但经审核不符合续租条件的	（一）市公管中心为其安排合理的搬迁期，搬迁期内租金按照相关规定和合同约定的租金数额交纳。 （二）搬迁期满不腾退保障性住房，承租人确无其他住房的，应当按照市场价格交纳租金。 （三）承租人有其他住房但在搬迁期满后拒不腾退保障性住房的，市公管中心依照法律规定和合同约定向人民法院提起诉讼，要求承租人腾退保障性住房。 ——成都